AF603514

IVRY-SUR-SEINE

Vie de son Patron

int FRAMBOUR

Notes sur la Paroisse au XVIIIe siècle

HISTOIRE DU PAYS

Approuvé par Son Eminence le Cardinal RICHARD.

OUVRAGE ILLUSTRÉ DE MAGNIFIQUES HÉLIOGRAVURES

L'abbé REIMRINGER

BAR-LE-DUC
IMPR. DE L'ŒUVRE DE SAINT-PAUL

VIE

DE

SAINT FRAMBOUR

IVRY-SUR-SEINE

VIE
DE SON PATRON
SAINT FRAMBOUR

RELIGIEUX DE L'ABBAYE SAINT-MEMIN
(près Orléans)
ABBÉ DE JAVERON
(ancienne province du Maine)

Par M. l'abbé **REIMRINGER**

Notes sur la Paroisse au XVIIIe siècle
Notes sur l'Histoire du pays

BAR-LE-DUC
IMPRIMERIE DE L'ŒUVRE DE SAINT-PAUL
36, rue de la Banque, 36
1898

Aux Ivryens

CETTE *notice est sans prétention. N'ayant aucun élément à ma disposition, je n'ai pu faire ce que j'aurais voulu. Heureux, dit-on, les peuples qui n'ont point d'histoire. Si cette sentence est exacte, Ivry antique fut un pays heureux que rien ne signale avant le XVIIe siècle. Toutefois, j'ai voulu faire revivre l'intéressante figure du Saint qui a illustré le pays. Je suis prêtre et j'écris en prêtre ; je voudrais que mon opuscule fît quelque bien parmi ces si nombreuses âmes d'Ivryens qui ne connaissent pas leur clergé et ne l'aiment pas, rejetant ainsi trop souvent ceux qu'ils ignorent et qui sont cependant leurs véritables amis. La « vieille chanson » qui berça la France au berceau est plus que jamais au fond de nos cœurs de prêtres et nous sommes prêts à la lancer, l'heure est si morose, à tous les échos du pays pour l'égayer tandis que, convalescent, il pansera les blessures qui meurtrissent son flanc ! La foi aura son prochain renouveau dans ce pays ravagé par les sectaires.*

En écrivant ces lignes, je pense surtout à ces chers compatriotes d'Alsace-Lorraine si nombreux à Ivry et que j'aurais désiré, plus libre, grouper pour les faire marcher à l'assaut de l'éternelle patrie, à défaut de l'autre qui nous échappe de plus en plus ! Trop triste serait leur sort si, après avoir quitté le cher pays des aïeux, ils étaient venus perdre leur foi dans les faubourgs de Paris. Je pense aussi aux vieux habitants de la contrée, aux autochtones, qui se trouvent débordés par les nouveaux-venus affluant de tous côtés. Ils revivront un instant, à cette lecture, la bonne vieille vie des aïeux. Puissent-ils puiser dans ce récit le désir de la revivre plus complètement en reconstituant leurs vieilles corporations et en se serrant les coudes autour de leurs bannières, montrant aux jeunes générations qu'ils ne désertent point leur antique église ! Ivry n'ayant point eu encore les faits de son histoire groupés en un faisceau compact, j'ai réuni, à la fin de la notice de Frambour, tout ce qui m'a paru intéressant, dans l'espoir que ceux qui liraient les notes voudraient bien aussi retirer quelque utilité des réflexions qui les précèdent.

Honneur aux aïeux dont la vie évoque l'action et dont on peut raconter quelque chose ! Envions-les ! De leur existence, du moins, il reste une trace. Ils ont vu, ils ont souffert, ils ont été. De nous, que dira l'avenir ?

A quelle espérance, à quelle action a pu se dévouer, se vouer seulement l'immense majorité de notre jeunesse actuelle ? De toutes les avenues ne monte qu'un seul cri :

Rien à faire ! Les jeunes ne savent point demander à leurs forces une dépense ; il n'y a pour leur ambition de vivre ni présent ni lendemain, et, acculés à ce siècle qui finit, ils portent au front le sceau mélancolique des générations sacrifiées. Le seul remède au mal, c'est de reconquérir la foi. On remue les cendres pour raviver le feu ; remuons la vie de nos saints locaux pour que la foi se communique à nos esprits tourmentés.

Je dédie ces lignes aux 600 garçons des écoles communales d'Ivry-sur-Seine dont je suis plus spécialement chargé, et à tous les enfants, plus favorisés, des écoles chrétiennes de la paroisse. Les enfants chrétiens sont l'espoir de la France chrétienne et c'est par eux que « la vieille alouette gauloise », surgie des sillons poussiéreux où elle se terre aux sinistres époques de notre histoire, fera encore entendre le chant joyeux de la renaissance du patriotisme et de la foi ! « Gott mit uns » « Dieu avec nous », disaient orgueilleusement les luthériens allemands en 1870 ; prions, Français, pour mériter que les Prussiens se trompent.

L'abbé REIMRINGER,
Vicaire à Ivry.

nos jours bien que dénudées des futaies sauvages dont elles étaient alors recouvertes, se relevaient brusquement et bordaient la vallée du fleuve, le vaste lit sur lequel il s'épand aux époques pluvieuses de ses inondations.

En contre-bas de l'une de ces collines, couronnée aujourd'hui, sur son plateau monotone et désert, par la route stratégique et le fort d'Ivry, il y avait une caverne, grotte naturelle qui s'enfonçait dans son flanc. En arrière de cette grotte, à quelques pas, se trouve une citerne d'une eau limpide et fraîche, encore appréciée des habitants de l'immeuble du vieux carrefour Saint-Frambour, aujourd'hui place Parmentier, qui, depuis une soixantaine d'années, s'est édifié sur les ruines d'une chapelle plus que millénaire.

Cet immeuble (1), aujourd'hui bureau de tabac, épicerie et établissement de nourrisseur, portait encore sur sa façade, au milieu de ce siècle, une niche et, à l'intérieur de la niche de pierre, une vieille statue de bois qui représentait un saint du pays. Ce saint était honoré à Ivry, à juste titre comme nous allons le voir, depuis une époque immémoriale.

Nourrissant depuis longtemps le désir de lui consacrer une modeste notice qui rappelât son

(1) Cet immeuble appartient à la famille Vercollier.

souvenir aux générations qui se succèdent et oublient, je suis allé à la recherche des lieux où vécut Frambour. Une digne femme, entre autres, conservait davantage les souvenirs du Saint et, me montrant le jardin qu'elle avait souvent cultivé : « Il y avait là, me dit-elle, des racines dont il vécut et là, dans ce puits, une citerne qui lui fournissait sa boisson. Cette eau-là, Monsieur, est excellente. » C'est tout ce qui reste aujourd'hui de Frambour à Ivry, le vague souvenir de ce qu'il fut !...

C'est peu et c'est beaucoup ! C'est peu pour un Saint, premier habitant de la région ! C'est beaucoup si l'on songe que Frambour mourut dans la première moitié du VIe siècle. Qui d'entre les Ivryens d'aujourd'hui méritera une notice dans quatorze siècles ?

Quand une race s'affaiblit, il faut la régénérer en la rapprochant de ses origines.

Un ancien ministre, Jules Ferry, à qui on ne pouvait faire déplaisir en disant de lui qu'il n'avait plus rien d'un chrétien, s'écriait au banquet qui fêtait le premier retour du commandant Monteil : « Dans un siècle où il n'y a plus de foi, pour réussir, il faut la foi ! » Je m'empare de cette parole pour montrer, dans cette notice, comment la France devint chrétienne et par qui elle le devint. Montrer aux

Ivryens du XIXe siècle expirant — le siècle des faillites trop tôt baptisé le siècle des lumières — ce que fut le plus illustre et le plus inconnu des Ivryens d'antan, tel est mon but. Quand on a de tels aïeux, — je ne me place ici qu'au point de vue religieux — on peut encore prétendre à la vie de la foi, à l'action.

Fraimbaud, Fraimbault, Frambard, Frambourg (le nom a nécessairement subi toutes les transformations de notre langue, mais à Ivry le nom de Frambour est seul usité), Frambour naquit dans les Arvernes, vers fin du Ve siècle, quelques années avant la conversion de Clovis. Il était Auvergnat ! ! Tous les grands hommes de cette époque l'étaient plus ou moins, car la province des Arvernes était réputée par son sénat dont les membres illustres descendaient d'antiques familles, anoblies par les Romains qui avaient laissé dans ce pays des traditions plus vivaces que partout ailleurs.

Au moment où naissait notre Saint, la Providence préparait, après celle de l'épiscopat, la plus importante des ressources dont la Papauté devait se servir plus tard pour favoriser le mouvement de la civilisation par l'action des ordres religieux. Nous allons les voir s'établir, se multiplier et fleurir partout en Occident sous la direction d'un saint à jamais *béni* dans son nom, dans sa règle et dans ses œuvres, l'illustre et modeste Benoît de Nursie.

Le père de Fraimbaud, descendant d'une très illustre et très riche famille, gouvernait la province des Arvernes vers la fin du ve siècle. Son fils Fraimbaud était doué d'une grande intelligence.

Il était encore bien jeune quand se passa le mémorable événement qui devait *avoir sur les destinées de son pays une influence décisive que nous allons raconter*.

En 494, Clovis partit pour une expédition contre les Allemands. Au milieu de l'ardeur du combat, les Francs lâchèrent pied ; Clovis, voyant la défaite imminente, leva les yeux au ciel, se souvint du Dieu de Clotilde, son épouse, fille de Chilpéric et nièce de Gondebaud, roi des Burgondes, et accompagna de ses larmes le vœu que lui arrachait le danger : « Jésus-Christ, dit-il, vous que Clotilde affirme être Fils du Dieu vivant, je vous implore. Si vous me donnez la victoire, je croirai en vous et je me ferai baptiser en votre nom. J'ai invoqué mes dieux, mais en vain : c'est en vous seul que je veux croire ; délivrez-moi de mes ennemis. » Il parlait encore, et les Allemands prenaient la fuite. Le vainqueur n'oublia point sa promesse. En passant par Toul, il prit avec lui un saint prêtre, nommé Védaste ou Vaast, qui l'instruisit pendant le chemin pour le préparer au baptême. Saint Remi continua de l'instruire, et Clovis, avec ses deux sœurs, et plus de trois mille guerriers, se soumit à la foi catholique.

Le jour de Noël 496, dit F. Ozanam, l'évêque Remi attendait sur la porte de la cathédrale de Reims. Des voiles peints, suspendus aux maisons voisines, ombrageaient le parvis. Les portiques étaient tendus de blanches draperies. Les fonts étaient préparés et les baumes versés sur le marbre. Les cierges odorants étincelaient de toutes parts ; et tel fut le sentiment de piété qui se répandit dans le saint lieu, que les barbares se crurent au milieu des parfums du paradis. Saint Remi tenait Clovis par la main, suivi de la reine et du peuple.

En marchant, le roi lui dit : « Mon père, est-ce là le royaume de Dieu, que vous me promettez ? — Non, répondit l'évêque, ce n'est que le commencement du chemin pour y arriver. » Dans l'action du baptême, le pontife adressa au catéchumène, qui s'était converti sur un champ de bataille, ces mots devenus célèbres : « Baisse la tête, doux Sicambre ; adore ce que tu as brûlé ; brûle ce que tu as adoré. » — « Le chef d'une tribu guerrière descendit dans le bassin baptismal ; trois mille compagnons l'y suivirent. Et quand ils en sortirent chrétiens, on aurait pu voir en sortir avec eux quatorze siècles d'empire, toute la chevalerie, les croisades, la scolastique, c'est-à-dire tout l'héroïsme, la liberté, les lumières modernes. Une grande nation commençait dans le monde : c'étaient les Francs. »

Par sa conversion, Clovis sauva les provinces et prépara l'unité de la France, réalisée promptement, grâce aussi à l'action féconde de l'épiscopat. A la suite de saint Remi, nous apparaissent les grands évêques du ve et du vi^e^ siècle, jusqu'à saint Grégoire de Tours et saint Avite, dont les noms respectés font partie de notre histoire nationale. A l'intérieur des Gaules, l'antique métropole de Vienne était alors célèbre par le pontificat de saint Mamert, et l'Eglise d'Arles illustrée par saint Césaire, lumière de la foi, qui devait, au second concile d'Orange, terrasser les restes de l'hérésie de Pélage. L'Armorique bretonne avait aussi ses saints et les Malo, les Brieuc travaillaient à la conversion de ces dures populations au sein desquelles s'étaient réfugiés les derniers vestiges du culte druidique. Loup siégeait à Troyes, Aignan à Orléans et Marcel à Paris. L'Eglise des Arvernes, qui avait Bourges pour métropole, resplendissait aussi, lors de la naissance de Fraimbaud, de l'éclat projeté sur elle par Sidoine Apollinaire, seigneur gallo-romain, né à Lyon vers 440, d'une famille arverne, d'une de ces vieilles familles gauloises chez lesquelles la foi était aussi héréditaire que la noblesse. Ses écrits sont riches en précieux souvenirs pour l'histoire du ve siècle, et ne justifient que trop le mot de Caton au sujet du peuple gaulois, habile à bien dire et à parler finement : « *argute loqui.* » Les avocats chez nous ont de qui tenir ; mais, là encore, quelle décadence !

Saint Quintien, aussi d'origine gallo-romaine, occupait le siège de Rodez qu'il dut quitter, à cause de son attachement pour les Francs. Il se réfugia en Auvergne, près de saint Eufraise à qui il succéda. Quand un pauvre frappait à sa porte, il disait à ses clercs : « Allez vite lui porter à manger, c'est peut-être Jésus-Christ lui-même. »

Nous nous étendons sur ces événements et ces saints évêques avec complaisance, par un sentiment facile à comprendre. Il importe de connaître la situation de l'Eglise en France au moment où Fraimbaud cherchait dans l'étude des lettres l'aliment qui convenait à la vivacité de sa haute intelligence.

Aux dons naturels de l'esprit, Fraimbaud joignait d'admirables qualités de cœur et, nous disent les chroniques, il était heureusement doué d'un caractère tel que nous le verrons passer avec succès dans les milieux les plus brillants, faire concevoir les plus belles espérances et s'annoncer entre tous comme un sujet remarquable, sans jamais pourtant exciter autour de lui le vol odieux de ces sinistres oiseaux, l'envie et la jalousie, si fréquents dans le monde.

Ainsi outillé par la nature, Fraimbaud eut bien vite épuisé le savoir des plus illustres d'entre les maîtres des Arvernes. Son père résolut alors de l'envoyer à la cour pour qu'il y suivît les cours de philosophie, des langues latine et grecque, professés par des savants hors ligne. La cour de Clovis était le rendez-vous de tout ce qu'il y avait de marquant parmi la jeunesse des familles gauloises et franques. Le savoir extraordinaire des éminents évêques qui faisaient alors briller d'un si vif éclat l'épiscopat des Gaules et qui, selon une parole plus juste encore que célèbre, faisaient la France comme les abeilles font leur ruche, avait son écho au fond du palais des Mérovingiens, et tous les jeunes nobles de haute distinction vinrent y faire leur éducation avec les jeunes princes. Quelle émulation ! Quelle ardeur ! Les races neuves aspiraient à pleins poumons la science du passé pour marcher à la conquête de l'avenir. Voilà le moment où Fraimbaud arrive à la cour pour y compléter son éducation.

Les succès qu'il y obtint promptement ne purent détruire au fond de son cœur le dégoût que le monde lui inspirait. Les langues de l'antiquité païenne grecque et latine ne purent offrir à son esprit avide de savoir qu'un aliment passager. Il avait soif de la vérité, et la philosophie dont les plus grands maîtres d'alors lui enseignèrent les principes ne put le satisfaire. Il fit part à son père de son désir de quitter le monde de la cour pour ne plus songer qu'au salut de son âme. Le gouverneur des Arvernes fit tout pour persuader Fraimbaud et le détourner de ce qu'il appelait ses idées folles. Rien n'y fit, et la résolution du jeune homme devint bientôt irrévocable. Ne pouvant fléchir l'opiniâtre volonté de son inexorable père, il prit le parti de ne plus rien lui communiquer de ses projets et, considérant que son salut était en danger au milieu des corruptions de la cour, il partit tout d'un coup. S'élançant hors de Paris, il longea la Seine pendant longtemps. Arrivé au confluent des deux rivières de Marne et de Seine, il s'enfonça à droite dans la noire forêt, cherchant le coin le plus impénétrable. Il rencontra tout à coup ce qu'il cherchait : une caverne creusée dans le flanc de la colline, bien à l'abri des investigations, loin des hommes, loin du passage des chasses de la cour. A côté de la caverne, un trou vaste et rempli d'eau, une citerne : de quoi se rafraîchir !

Il remercia Dieu du gîte qu'il lui offrait ; les racines et les herbes seraient toute sa nourriture.

C'est là qu'il allait passer les meilleures années de sa vie, imiter tous ces pieux anachorètes dont la vie au désert lui semblait l'idéal et faire le noviciat de la vie érémitique qu'il avait embrassée. Il repassait souvent dans son esprit, quand il était à la cour, cette pensée des saints Livres : « *Je conduirai l'âme dans la solitude et je lui parlerai dans l'intimité.* » Au fond des solitudes des bois, Frambour, attentif, écoutait la voix de Dieu. La prière, la méditation, l'étude des saintes Ecritures et la récitation des Psaumes devinrent dès lors son unique occupation. Il ne donnait au sommeil que le temps exigé par l'impérieuse loi de la nature.

Sous les grandes allées de la forêt, où les premiers bourgeons, perçant les écorces de leurs flèches d'émeraude, mettaient une printanière fraîcheur, que les oiseaux faisaient résonner de leurs charmantes vocalises, que des animaux sauvages troublaient de clameurs importunes, que l'orage impétueux éclatant soudain dans les torrides journées de l'été foudroyait avec fracas, que l'automne frissonnant et pluvieux couvrait de feuilles et de branches mortes et que le froid hiver, mugissant en tempête, balayait de son souffle glacial; sous ces grandes allées des bois, dans sa caverne tour à tour glacière ou fournaise, indifférent aux âpres morsures du froid comme aux agaçantes et fiévreuses caresses de la grande chaleur, Frambour priait, méditait, se domptait, se sanctifiait!.....

Cependant, son père le cherchait de tous côtés, furieux qu'à la splendeur de la cour de Childebert il eût pu préférer quelque maussade solitude et un genre de vie si différent de celui auquel son illustre naissance et son éducation lui donnaient droit.

Frambour avait choisi la meilleure part en fuyant une cour agitée telle que l'était celle des rois mérovingiens et le contact des grands qui, selon la si juste pensée de Fénelon dans sa lettre sur les occupations de l'Académie, sont si souvent malheureux par leur grandeur même.

La nouvelle de sa fuite précipitée avait fait du bruit à la cour et on s'y émut du départ inopiné d'un jeune homme, porteur d'un grand nom, si bien doué et destiné à de grandes choses. On se hâta d'en informer le gouverneur des Arvernes qui s'empressa d'accourir.

Dans le lieu solitaire où il avait trouvé la paix du cœur et le calme de l'esprit, Frambour mena une vie angélique, tant par son application continuelle à Dieu que par la pratique des vertus qui soumettent entièrement la chair à l'esprit. Il faisait une guerre à outrance à ses passions dont il sut réprimer les moindres saillies, et il traitait son corps avec autant de sévérité et de rigueur que s'il eût été complètement insensible.

Il passerait aujourd'hui pour un trop cruel ennemi de lui-même et les modernes romanciers qui, pygmées inhabiles, rêvent la destruction de l'édifice chrétien au profit d'un grossier naturalisme, trouveraient barbares les traitements dont Frambour usait envers son corps.

Le christianisme a fait ses preuves ; il a ses martyrologes et la longue théorie de ses saints. Le système du naturalisme a fourni et fournit encore ses preuves ; il a les martyrologes des autres et la vile théorie de ses grotesques sectateurs. Ces gens-là professent à l'égard de l'âme des idées singulières, comme aussi, ils viennent d'en donner d'abondantes preuves, à l'égard de la patrie !!...

Les saints ont donné leur sang à l'Eglise ; les naturalistes ont trop souvent versé le sang des autres sur l'autel immonde de leur impuissante folie. Frambour traitait durement son corps pour faire vivre l'âme, comme l'ouvrier, dans l'aire, fait jaillir le grain de la paille revêche sous les coups répétés du fléau !

Au moment où il croyait le monde loin de lui, il courut les plus grands dangers. Son père, qui l'avait en vain fait rechercher de tous les côtés, put enfin se procurer à la cour des renseignements précis sur la retraite que Frambour avait choisie et sur la grotte où il vivait en reclus. Il accourut en hâte dans la solitude où vivait son fils pour le contraindre à la quitter. Dieu veillait sur Frambour et, comme ceux qu'il garde sont bien gardés, la Providence fit voir, par un fait miraculeux, que le Saint n'avait pas en vain compté sur sa protection. Le père chercha son fils dans la forêt ; on le guida vers la caverne où il vivait, où on l'avait découvert. L'eau de la citerne avait crû tout à coup ; ses ondes s'étaient enflées au point de couvrir la grotte d'une nappe qui, rebondissant sur les pierres, retombait en jaillissante cascade et allait ensuite se perdre sous la feuillée, cependant qu'à l'intérieur de la caverne, où les eaux n'avaient point pénétré, Frambour continuait à prier Dieu. Le père, persuadé qu'on l'avait trompé en lui indiquant cette cascade inhabitable comme le refuge où son fils s'abritait, s'en alla découragé de l'insuccès de ses recherches et ne sachant plus où le découvrir. Frambour, échappé au danger, remercia le Ciel de lui avoir fait juger les honneurs et les richesses à leur véritable valeur et il résolut plus que jamais de n'appartenir qu'à Dieu seul. Il goûtait à Ivry ces joies si pures qui inondent l'âme d'un novice après le sacrifice généreux de soi-même à Dieu.

FRAMBOUR A MICY

PRÈS D'ORLÉANS

Dans la crainte, cependant, d'être une autre fois découvert, et fortifié d'ailleurs dans son pieux dessein de vie parfaite par cet éclatant prodige, pour lui claire manifestation de la volonté de Dieu, Frambour quitta la solitude d'Ivry où il ne se sentait plus assez seul.

Aussi bien, son noviciat était terminé et il sentait la nécessité de trouver l'édification, dont son âme avait besoin, au contact des saints religieux. La France était née et son activité débordante se faisait sentir aux alentours de la capitale. A Ivry, Frambour ne se sentait plus assez à l'abri du monde. Il partit au loin et se retira dans les environs d'Orléans, à l'abbaye de Micy, qui avait été fondée par saint Mesmin et saint Auspice, son oncle.

Ce pieux asile était alors comme un jardin bien

clos où s'épanouissaient de magnifiques parterres sous l'action du soleil bienfaisant. Parmi les plus belles fleurs de ce jardin mystique, on citait des noms d'hommes éminents en vertu et en sainteté, comme saint Lomer, saint Léonard, saint Cales, saint Constantien et autres dont l'Eglise, jardinière de Dieu, fit un bouquet pour l'offrir à Jésus-Christ, Maître et Seigneur.

Les vertus de Frambour, dans un tel milieu, se développèrent rapidement et en vinrent à briller d'un tel éclat qu'on l'éleva bientôt au sacerdoce, dignité alors conférée aux plus parfaits religieux seulement.

Le monastère de Micy avait été un des derniers actes de la carrière royale de Clovis. Le roi des Francs, sur les conseils de sainte Geneviève, la patronne de Paris qui mourut un an après Clovis en 512, avait posé à Paris la première pierre d'une église dédiée à saint Pierre et saint Paul et royalement doté quelques maisons religieuses. Il fit don à l'église de Verdun de la terre de Micy en la personne du saint prêtre Auspice et de son neveu Mesmin. Il dota le monastère qui acquit une grande célébrité et dont Frambour était l'une des gloires.

Comme le bien, dit la sagesse des philosophes, se dilate en vertu de sa nature, *bonum sui diffusivum,* le renom de Frambour franchit rapidement les murs du monastère et attira à Micy une foule innombrable de personnes de toute condition qui venaient recourir à ses conseils.

Sa sainteté était arrivée à ce degré de perfection qui touche le cœur de Dieu et attire sur la créature, comme une éclatante récompense, l'inexplicable don des miracles. « Je l'ai illustré et je l'illustrerai encore, *clarificavi et iterum clarificabo* », dit l'Auteur de l'Univers, et, pour prouver la vertu de ses serviteurs, il leur communique un de ses pouvoirs et il les illustre.

Frambour fut illustré et il devint un puissant thaumaturge.

A Micy, il accomplit les premiers miracles dont il plut à Dieu de le favoriser.

De l'huile, bénite par le Saint, enlevait la fièvre à un adolescent.

Il rendit le mouvement à un paralytique en lui donnant à manger un morceau de pain sur lequel il avait tracé le signe de croix.

Une digne femme obtenait, à la prière fervente du Saint, de voir cesser le lamentable état de sa stérilité. On n'aimait pas alors les foyers déserts et systématiquement dépeuplés.

Le bruit de ces merveilles se propagea de proche en proche. Les foules accoururent. Frambour songea à s'enfuir. Il regrettait sa caverne d'Ivry; il résolut d'en trouver une semblable. Il ne confia son pieux dessein qu'à Dieu et, fort de la réponse intérieure qu'il avait reçue, il partit.

Dans la vie des Saints, on remarque fréquemment ces sortes de *fuite* qui, à première vue, pourraient passer pour les actes irréfléchis de natures indomptées. Le saint Curé d'Ars quitta ainsi, en ce siècle, brusquement sa paroisse pour se soustraire aux ovations, importunes pour son humilité, que suscitait le spectacle édifiant de ses vertus.

FRAMBOUR, ABBÉ DE JAVERON

DANS LA PROVINCE DU MAINE

Il se retira dans la province du Maine et chercha longtemps le lieu le plus affreux. La Providence le conduisit au milieu de la forêt de Javeron, en un endroit obscur et désert où il eut grand'peine à se frayer un passage. Les bords de la Mayenne étaient alors, eux aussi, ombragés par d'impénétrables forêts.

Après avoir longtemps marché à travers les broussailles et dans l'obscurité, il aperçut, à l'aide de la lumière du soleil qui ne s'y faisait voir qu'avec peine, un antre obscur qui était apparemment la retraite de quelque bête farouche, et ce fut le lieu qu'il choisit pour sa solitude. Il se cacha dans le creux de cette caverne et, s'étant ainsi dérobé aux yeux des hommes et à la lumière du jour, il résolut de ne plus s'occuper que de Dieu, persuadé, avec saint Grégoire :

« Qu'il ne traiterait jamais avec Dieu plus purement que lorsqu'il serait seul dans un lieu où il ne trouverait que lui. »

Il resta là longtemps dans la méditation, les mortifications et les veilles. Il y aurait terminé sa vie dans la solitude qui lui tenait tant à cœur, *o beata solitudo, o sola beatitudo !* si Dieu n'avait fait connaître sa retraite et ne lui avait envoyé des religieux désireux de se sanctifier sous sa direction.

Ne pouvons-nous pas ici admirer la volonté de Dieu et voir comment la Providence sait mener, où elle le veut, le saint sur lequel elle a ses vues et faire éclater sa vertu malgré le soin qu'il a de la dissimuler ?...

Dieu exalta donc son serviteur en lui fournissant l'occasion de communiquer aux autres le trésor précieux de sanctification dont son cœur était devenu l'ardent foyer.

La cabane de pieux et de branchages, couverte de chaume et de genêts, que Frambour habitait sur les bords de la Mayenne, dut se transformer bientôt en un monastère. Telles furent les modestes origines du monastère de Javeron dont Frambour allait devenir abbé.

Sur ces entrefaites, il dut aller se présenter à l'évêque du Mans qui s'était montré désireux d'entretenir un homme dont les vertus illustraient déjà toute la région. Frambour alla donc avec empressement répondre à l'invitation de saint Innocent, huitième évêque du Mans, qui l'avait mandé pour l'examiner.

L'Evêque força le Saint à lui dire les grâces innombrables dont Dieu s'était plu à le favoriser. Il lui fit raconter les détails édifiants de la vie extraordinaire qu'il menait depuis de longues années.

Innocent admira son ardente piété, sa profonde érudition dans les connaissances divines et humaines et surtout dans les saintes Ecritures. Il ne douta plus que Dieu ne lui eût fait connaître ce saint prêtre pour le bien de son diocèse et la sanctification, non seulement des religieux et du clergé, mais encore de tous les fidèles.

Voulant marquer son admiration à ce saint abbé, Innocent se chargea de fournir tous les ustensiles nécessaires à la communauté si miraculeusement formée, et voulut que Frambour réunît autour de lui, en une vaste communauté qu'il animerait de l'exemple de ses vertus, tous les hommes attirés par l'amour de la solitude.

Innocent voulut aussi se servir de notre Saint pour resserrer les liens de la discipline monastique qui commençaient à se relâcher. Il lui ordonna donc de recueillir, dans les vies et les ouvrages des saints Pères où il était très habile et très versé, tout ce qui se pourrait pratiquer par les religieux de son temps et d'en composer comme les éléments d'une nouvelle règle.

Il recourut encore à ses lumières surnaturelles pour la réforme de son clergé diocésain et l'établissement de communautés ecclésiastiques. Frambour apprit aux prêtres à vivre ensemble et à posséder toutes choses en commun, en suivant du reste l'ordre établi longtemps auparavant par les Apôtres.

Innocent confirma de son autorité tous les actes de Frambour et eut soin que la règle qu'il avait établie fût, à l'avenir, exactement observée par les communautés de son diocèse.

N'est-il point démontré que Frambour fut, pour la France, un des patriarches de la vie érémitique, et n'appartient-il point à l'élite de ces saints religieux qui firent école dans le monde catholique tout entier ?

Quand Clodoald, après l'assassinat de ses deux frères, se fit couper les cheveux pour marquer ainsi son renoncement à la royauté au profit de Childebert, son oncle ambitieux et cruel, et se retira en un ermitage proche de Paris qui fut le berceau de la ville de Saint-Cloud, ne fut-il point un imitateur de Frambour dont le renom de sainteté subsistait à la cour ?

Le fils d'Eugène IV, roi d'Ecosse, Fiacre, qui,

avec sa sœur Sira, passa en France pour se retirer dans un ermitage près de Meaux où il mourut en 670, n'est-il point aussi un des imitateurs de notre Saint?...

Arrêtons-nous encore un instant sur l'excellence de ces communautés ecclésiastiques que Frambour et Innocent voulurent établir dans le Maine.

Depuis que la Révolution a sapé les fondements des édifices les plus solides, rien ne paraît plus stable en ce pays de France, et le rétablissement de communautés ecclésiastiques, telles qu'il en existait autrefois, s'imposera de plus en plus comme moyen de donner au clergé l'union et la victoire contre les calomnies et les préjugés qui assaillent le prêtre isolé et ruinent à fond la foi des peuples.

Réjouissons-nous donc de voir se reformer des communautés de prêtres qui, comme celle des missionnaires diocésains notamment, ont déjà, bien que récentes de date, creusé un profond sillon dans le champ spirituel de l'Eglise de Paris.

Innocent ne tarda pas à s'apercevoir du bien immense que Frambour faisait et, comme si le Maine eût été trop petit pour exercer le zèle du saint abbé, il s'employa de toutes ses forces à procurer, l'an 541, la deuxième année du pontificat de Vigilius et la trentième du règne du roi Childebert, le quatrième concile d'Orléans pour le rétablissement général de la discipline ecclésiastique. Il voulut que Frambour eût l'honneur d'y assister avec lui. Cinquante évêques assistaient à ce concile ou y étaient représentés. Un grand nombre ont été mis au rang des saints : ce sont saint Flavius, vulgairement saint Flieu de Rouen, saint Léon de Sens, saint Julien de Vienne, saint Lô de Coutances, saint Eleuthère d'Auxerre, saint Innocent du Mans accompagné du saint abbé Frambour, saint Aggrippin d'Autun, saint Gal de Clermont en Auvergne. Ces saints évêques, qui venaient de voir avec terreur se réveiller par un drame affreux, dans les veines de ses descendants, le sang barbare du fier Sicambre, sentaient la nécessité d'endiguer puissamment les principes mauvais.

Le roi d'Orléans, Clodomir, était mort laissant trois enfants en bas âge à la tendresse de sa mère, sainte Clotilde, qui fit élever près d'elle à Paris ses trois petits-enfants orphelins Théobald, Gonthaire et Clodoald. Les deux premiers furent massacrés par leur oncle Clotaire, sous les yeux de son frère et complice Childebert. Clodoald fut à grand'peine soustrait à la fureur de ses oncles. C'est lui qui, plus tard, fonda à Noventium (Nogent) un monastère qui prit son nom et le donna ensuite à la gracieuse ville de Saint-Cloud, qui rappelle ainsi et ce que la politique a de plus barbare et ce que la religion offre de consolations aux grandes infortunes.

Les évêques purent constater, par ce fait horrible de deux princes égorgés en plein jour, au milieu du palais, de la main même de leur oncle, la rudesse de ces natures franques que le christianisme avait mission de civiliser. Pour mieux concerter les efforts de leur zèle, ils sentaient le besoin de se réunir en conciles. Le 23 juin 533, lors du second concile tenu en cette ville d'Orléans, ils avaient tracé des règlements de discipline pour assurer la liberté des élections contre les abus du pouvoir temporel et les manœuvres de la simonie. Un des canons les plus remarquables fut celui qui défendit de donner, à l'avenir, à aucune femme la bénédiction de diaconesse. A mesure que le christianisme avait étendu ses conquêtes dans la société, le baptême des adultes était devenu plus rare et les diaconesses devaient cesser leurs fonctions.

Ce n'est qu'au quatrième concile d'Orléans que Frambour accompagna l'évêque Innocent.

Le deuxième concile, auquel vingt-six évêques assistaient, se réunit en 533, et le Père Giry indique, avec les Petits Bollandistes, 532 comme date de la mort de Frambour ! C'est une erreur très grande, car Frambour mourut dans un âge beaucoup plus avancé.

C'est, du reste, au quatrième concile que l'évêque Innocent, qui avait déjà assisté aux deux autres, proposa, en s'appuyant sur la sainteté de Frambour et sur l'autorité de ses grandes vertus, les canons qui furent établis sur la hiérarchie ecclésiastique. Le quatrième concile s'occupa surtout de la réforme du clergé et des religieux, et la sagesse de l'Abbé de Javeron fut mise au jour par saint Innocent. Bien que sa qualité de simple prêtre ne lui donnât pas voix décisive, Frambour fut une des lumières de ce concile, et son expérience contribua singulièrement à l'élaboration des sages règlements qui furent le point de départ de la formation du clergé national.

Le concile terminé, il eut hâte de rentrer dans sa solitude. Les Pères du concile n'avaient pas donné moins d'éloges à la science qu'à la vertu de ce grand solitaire qu'ils regardaient comme l'oracle qui les avait assemblés. Ils se servirent, dit Estor, de ses conseils pour leurs décisions et l'on peut dire que ce fut dans la profondeur et dans la pureté de ses lumières qu'ils puisèrent toute la force et toute la sainteté de leurs règlements. Il rentra dans sa cellule et sut s'y humilier de telle sorte que Dieu n'eut pas besoin de lui donner au dehors un contrepoids d'abaissement.

L'Abbé PRUVOST

1811-1874

Curé d'Ivry de 1847 à 1856; mort doyen de Villejuif. Entretint et réorganisa diverses Confréries, notamment celle du Saint Sacrement; se fit remarquer par une grande bonté qui lui donna, du reste, cet extérieur de pasteur simple et bon sous lequel il nous apparaît dans la photographie d'amateur qui l'avait fait surnommer à Ivry, par les personnes le connaissant plus intimement : *Le berger des Alpes!* C'était, en tout cas, un berger qui gardait bien ses brebis et Ivry ne l'oublie pas!...

MIRACLES DU SAINT

DANS LA PROVINCE DU MAINE

L'HONNEUR mettait à poursuivre Frambour l'ardeur que celui-ci mettait à l'éviter et, sa réputation croissant avec le nombre des miracles dont Dieu daignait le gratifier, il devint promptement l'objet d'une vive admiration non seulement dans le Maine mais encore dans la France entière.

Ses prières ardentes rendirent souvent la santé aux malades, la vue aux aveugles, la vie aux morts, la délivrance aux possédés.

Des tempêtes violentes et des orages redoutables cessèrent brusquement lorsque le Saint le demandait à Dieu.

Il obtint la fin du fléau de la peste et des maladies contagieuses. Il eut même crédit sur le cœur de Dieu pour obtenir des biens temporels à ceux qui l'avaient sollicité.

Il priait et des femmes désolées qui, comme Elisabeth, mère de saint Jean-Baptiste, comme Anna, mère de Samuel, comme Sara, mère d'Isaac, comme un grand nombre de mères de saints illustres, ne devaient obtenir l'honneur et les joies de la maternité qu'à force de supplications, toutes ces chrétiennes de foi robuste étaient redevables aux ardentes prières du Saint de la faveur longtemps désirée et enfin accordée. Il semblait vraiment que Dieu ne pût rien refuser aux sollicitations de son loyal serviteur.

Il lui accordait plus particulièrement cependant, disent les chroniques, la guérison des maux de la tête et des différents organes qui ont leur siège dans la tête. Il y avait alors déjà des spécialistes, et quels spécialistes ! puisque les saints n'agissaient que par l'ordre de Dieu.

Ambroise Paré dira plus tard à ceux qui le féliciteront des guérisons habiles dues à ses soins : « *Je le pansai, Dieu le guérit.* » Frambour aurait pu dire : Je prie et Dieu fait le reste !

Il prêchait, un dimanche, dans la chapelle de son monastère quand un aveugle, qui l'écoutait, s'écria, entraîné par l'accent surnaturel de sa parole, qu'il était certain de guérir si Frambour disait seulement une prière pour lui.

Le Saint ne put résister ; il pria, passa la nuit

au pied du saint autel et, le lendemain matin, imitant Jésus dans la guérison de l'aveugle, il détrempa de sa salive un peu de poussière de la chapelle et il en frotta les yeux du malheureux soudain parfaitement guéri.

Un homme affligé souffrait d'un mal de dents que les vieilles chroniques appellent rage de dents ; le Saint lui enleva sa souffrance en lui donnant à manger un morceau de pain bénit.

Un de ses religieux, qui avait travaillé avec lui aux travaux des champs, tomba de haut, en revenant de la moisson, et se brisa le crâne dans sa terrible chute ; Frambour pria et le guérit.

Un historien de la vie du Saint, qui vécut avec lui, ajoute qu'il accomplit un si grand nombre de miracles qu'il ne serait point possible d'en faire un récit exact.

Tous ces miracles sont parfaitement authentiques. Le curé d'Ivry, Jollain, auteur d'une Vie du Saint en 1676, les rapporte d'après les manuscrits très anciens qui étaient conservés dans les monastères. Ces manuscrits, dispersés à la Révolution, doivent exister encore dans les archives, de l'Oise notamment, où je me propose de les rechercher un jour.

Tout est possible à Dieu, le Maître, et les moqueries acérées de Voltaire au XVIIIe siècle n'ont pu empêcher Dieu d'agir, par des miracles, au XIXe siècle, comme il agira encore en maintenant l'Eglise contre tout jusqu'à la fin des temps.

Plus d'un Ivryen sourira sans nul doute en lisant, dans cette notice, la série des miracles dus aux prières de Frambour.

François Coppée, non le premier venu, écrivait, le 3 février 1898, une page que je n'hésite pas à transcrire ici dans son entier.

« Un miracle ! Naguère encore, en prononçant ce mot, j'aurais sottement haussé les épaules. Parce que je n'ai jamais vu, de mes yeux vu, se produire un miracle, je niais tout au mépris de cette vérité élémentaire que, s'il est un Dieu, — et de son existence je n'ai jamais douté — s'il est un Dieu tout-puissant, créateur des choses visibles et invisibles, il est supérieur aux lois du monde physique, son ouvrage, et que rien ne lui est impossible. Maintenant mon orgueil a rendu les armes. Un jour j'ai senti sur mon front le souffle de la mort, en moi se sont réveillés l'horreur du néant et le besoin d'une vie éternelle. Alors j'ai relu l'Evangile avec un cœur simple et confiant et j'y ai vu resplendir la vérité. Et je crois fermement aujourd'hui à tous ces miracles d'ailleurs racontés, décrits, attestés par les évangélistes avec une sûreté et une précision de détails où éclate la plus évidente et la plus complète sincérité. Oui, Jésus a rendu l'ouïe aux sourds, la vue aux aveugles, le mouvement aux paralytiques, la vie aux trépassés. Il a répandu en prodigue, pendant son court passage en ce monde, ces bienfaits merveilleux pour prouver qu'il était le fils du Dieu vivant et pour fonder la religion qui, depuis dix-neuf cents ans, donne la paix de l'âme à tous les hommes de bonne volonté. Cette foi en Jésus-Christ que j'ai retrouvée — car mon enfance fut chrétienne — je veux la garder en moi et désormais l'augmenter sans cesse, constamment, patiemment, sans me décourager aux heures de défaillance..... Cette force miraculeuse qui émanait de la personne de Jésus, quand il était parmi nous, il l'a communiquée à ses disciples. Il peut toujours la donner à ses élus, dans une proportion moindre sans doute mais encore surnaturelle. »

Ne reconnaissons-nous point le signe de cette puissance supérieure dans la mission et dans les actes de Frambour ?

Par un miracle, Dieu le protège dans sa retraite d'Ivry et le soustrait à la recherche d'un père mondain, en lui faisant comprendre qu'il agrée son genre de vie plus parfaite loin des séductions de la cour.

La sainteté de Frambour devenant pour ainsi dire contagieuse, le pieux Abbé glorifie Dieu par ses actes, et Dieu l'exalte à son tour en lui permettant d'agir par le miracle sur les forces de ce monde.

Que la légende, cette dentelle de l'histoire, se soit dans la suite emparée de certains faits de la vie de Frambour pour tisser autour la trame menue de ses historiettes ouvragées, à cela rien d'étonnant. Nos pères, les vieux Francs, étaient hommes imaginatifs, et les récits qui volaient de bouche en bouche avant d'être fixés, par quelque moine obscur et laborieux, sur les parchemins eux-mêmes disparus, ont pu quelque peu s'enfler dans leur vol.

Pas de journaux à cette époque pour fixer les faits du jour et les transmettre avec précision; bien qu'à vrai dire je ne sache point comment feront les historiens de l'avenir quand ils débrouilleront l'écheveau extraordinaire de nos gestes présents, affirmés et démentis à la même heure du même jour et dans le même pays.

Lo trait charmant de la vie de Frambour, que tous ses historiens racontent, fait-il partie de l'histoire vécue ou imaginée du Saint? Comme il n'est pas article de foi, chacun peut l'apprécier en liberté.

Tous les jours, les oiseaux de la forêt voisine de son monastère des Passais venaient pour le récréer de leur chant jusqu'à ce qu'il les congédiât en leur donnant sa bénédiction. Un jour, en les congédiant, il observa leur tristesse. Il les suivit avec intérêt et remarqua qu'ils se réunissaient autour du petit corps inanimé de l'un d'entre eux. Emu de pitié, Frambour étendit la main, fit le signe de la croix et l'oiseau revint à la vie à la grande joie de la gent volatile dont les cris et les rapides battements d'ailes dénonçaient l'allégresse.

Ce trait d'une naïve compassion se renouvela souvent, quelques années plus tard, dans la vie du grand moine Colomban, religieux irlandais, fondateur du célèbre monastère de Luxeuil. La vie de François d'Assise nous offre aussi bien des traits touchants analogues à celui que nous venons de raconter.

Ces saints religieux avaient tellement effacé en eux les traces du péché d'origine qu'il semble que Dieu ait remis dans leurs mains, à de certains moments, le sceptre de Roi de la Création et, sur leurs fronts, le diadème de la souveraineté sur tous les animaux dont Adam et Eve, coupables, furent privés par châtiment.

Une fresque très ancienne, découverte il y a une quarantaine d'années, dans l'église Saint-Frambour de Lassay, représente le saint abbé ressuscitant un petit oiseau.

APOSTOLAT DE FRAMBOUR

Le serviteur de Dieu sortait souvent de son monastère pour évangéliser les populations des alentours. Nous ne sommes que dans la première moitié du VIe siècle et la race des Francs, loin d'être convertie tout entière, a besoin d'assouplir son indépendance et de dompter sous le joug des vertus chrétiennes l'âpreté primitive de ses mœurs.

Dieu aime cette race et, voulant s'en servir pour faire ses « gestes », c'est-à-dire ses œuvres, il place auprès de son berceau des apôtres comme Frambour dont la valeur est doublée d'une sainteté parfaite. Le baptême de Clovis avait été une première victoire remportée par l'Eglise catholique ; mais, sous le voile et l'habit blanc du néophyte, il était facile de reconnaître l'homme de sang germain, le chef de tribu, le soldat de la bande guerrière ! C'était un mélange de droiture et d'ambition, de douceur envers les évêques, les faibles et les vaincus, de férocité native à l'égard de ceux qui heurtaient ses projets. Childebert, nous l'avons vu par le meurtre de ses neveux, ne possédait point encore son âme. Tels princes, tels peuples, et le chrétien avait besoin d'être fortifié dans le Franc rude et dur.

Cette explication est nécessaire pour comprendre les motifs qui poussaient les religieux comme Frambour à se mêler à la société, pour la pénétrer toute de l'essence du christianisme.

Le génie des évêques gaulois comme Sidoine Apollinaire, Quintien de Rodez au milieu des troubles de l'invasion barbare, comme saint Grégoire de Tours, saint Innocent du Mans, saint Avit, saint Césaire d'Arles et tant d'autres, fut de pressentir sous l'enveloppe sauvage du Franc barbare un cœur et une énergie capables des plus héroïques vertus ; et leur gloire fut de ne pas se laisser décourager par la réaction du vieil homme qui n'était qu'à demi enseveli sous les eaux du baptême. La destinée des Francs se révélait avec le triple rôle de cette nation appelée à agir pour Dieu en commençant la grandeur temporelle de l'Eglise, en continuant les traditions de Rome et en mettant un terme aux invasions. La conversion des Francs devait constituer définitivement la chrétienté à laquelle il ne resterait plus que de s'affermir et de s'étendre. Le christianisme n'exigea point de ces populations, encore toutes frémissantes de fureurs et de voluptés, tout ce qu'il devait demander à des temps meilleurs. Quand l'Eglise recevait au baptême ces turbulents catéchumènes, quand elle rangeait au nombre des saints Clotilde, le roi Sigismond, le roi Gontran, elle savait mieux que nous ce qu'ils avaient étouffé d'instincts pervers pour devenir tels qu'elle les voyait.

On comprend la floraison de saints qui s'épanouit alors à l'ombre du sceptre des princes mérovingiens. Avec des ouvriers tels que Frambour, la moisson ne pouvait qu'être belle puisque les semailles étaient faites par des saints dans le champ des âmes.

Le saint abbé quittait souvent son monastère pour dispenser aux néophytes et aux fidèles ce pain de la parole dont ils étaient avides. Il catéchisait, convertissait, affermissait les âmes dans le devoir. Sa parole était toujours écoutée, et, quand il l'avait répandue sans mesure, il rentrait en hâte dans son monastère pour y méditer dans le silence ce qu'il venait de prêcher aux autres afin d'en faire son profit personnel et afin encore de sanctifier ses religieux par ses exemples plus encore que par ses exhortations.

Préparé par une longue vie de prières, d'études et de mortifications, quel bon ouvrier du Christ devait-il être? Il n'avait point à craindre d'être réprouvé après avoir prêché aux autres, et les objections captieuses que les mauvais catholiques lancent de nos jours à la tête de leurs prédicateurs (1) n'auraient pu atteindre notre Saint, encore que les Francs rebelles du VIe siècle attachés à leurs erreurs aient pu s'en servir contre Frambour, car le diable est un vieux singe qui ne sait guère changer ses grimaces.

(1) « Faites ce que je dis; ne faites pas ce que je fais... etc. »

MORT ET CULTE DE FRAMBOUR

AYANT ainsi vécu plein d'âge, de vertus et de mérites, dit un des derniers biographes du Saint en 1676, Frambour tomba malade, durant une de ses courses apostoliques, dans un village nommé Saint-Fraimbault-sur-Pisse (paroisse appartenant aujourd'hui au diocèse de Séez) et il y mourut le 15 ou 16 août sous l'épiscopat de Scenfroy, successeur de son grand ami, protecteur et émule saint Innocent. Je n'ai pu retrouver exactement la date de sa mort. Le P. Giry et les *Petits Bollandistes* de Mgr Guérin indiquent 532, sous le pontificat de Boniface II et le règne de Thierry Ier. Or Boniface mourut en 531. Le quatrième concile d'Orléans eut lieu en 541 et Frambour y assistait. Il n'était donc pas mort. J'ai retrouvé à la Bibliothèque Nationale la Vie de saint Frambour, composée en 1676 par

Jean Jollain (1), docteur en Théologie de la Maison et Société de Sorbonne, curé d'Ivry. C'est cette Vie seule qui nous offre un sérieux témoignage et c'est sur elle que je m'appuie.

Une autre biographie de saint Frambour, que j'ai également retrouvée, a été composée par un certain Estor. Cette biographie ne mentionne pas celle de Jean Jollain ; mais elle n'en est, évidemment, que la copie en raccourci et à peine modifiée. Elle est longuement dédiée à un sieur qu'Estor ne nomme pas, mais les détails qu'il donne font voir qu'il s'agit du premier Président qui venait passer l'été à Ivry dans son château. Estor appelle le seigneur d'Ivry, l'appui providentiel chargé par Dieu de remettre en honneur le culte de Frambour. « L'application, lui dit-il, que vous apportez à rendre sa fête auguste et solennelle fait que tout Paris le révère et le reconnaît pour un des plus grands saints des premiers temps. » Cette biographie a été éditée en 1699 (2). D'après Estor, Frambour serait mort, non en course apostolique, mais bien dans son monastère. Nous nous en tenons à ce que dit Jollain.

Après sa mort, Frambour fut ramené dans son monastère de Javeron (le nom des Passais paraît

(1) *Saint Frambour*, par Jean Jollain. Paris, F. Coustelier, 1676, in-12.
(2) *Saint Frambour* (signé : Estor). Paris, F. Muguet, 1699, in-12.

être le nom moderne de la solitude où s'était fixé le Saint). Son tombeau ne tarda point à devenir célèbre et à être l'objet de la vénération de la France entière. Les miracles dus à son intercession devinrent si nombreux que plusieurs églises furent élevées en son honneur. La province du Maine lui en éleva trois sur son sol : à Saint-Frambour-de-Lassay, sur les rives de la Mayenne, où il avait édifié le monastère célèbre qu'il dut à la générosité de son saint protecteur ; à Saint-Frambour-de-Prières où était son tombeau (nom bien significatif), et à Saint-Frambour-de-Beaulieu.

Au XIe siècle, une reine d'une insigne piété, Adélaïde, fille du roi Edouard d'Angleterre et femme de Hugues-Capet, fit transférer les reliques du Saint, du tombeau où elles étaient conservées, dans une splendide châsse, précieux reliquaire d'or, ouvragé et constellé de pierres fines, chef-d'œuvre de l'art français à cette époque.

Le culte pieux dont une reine de France entourait la mémoire de Frambour, cinq cents ans après sa mort, suffit à prouver son grand renom de sainteté. Adélaïde, disent les leçons de l'office du Saint, attribuait à Frambour la prospérité de la maison royale et la conservation du royaume de France.

La reine fit transporter la châsse du Saint à

Senlis dans une église collégiale bâtie en son honneur, fondée et dotée pour un doyen, un trésorier, un chantre, onze chanoines et d'autres bénéficiers chargés de chanter jour et nuit les louanges de Dieu et celles de leur bienheureux patron. Elle fit présent à la collégiale des ornements, aube et chasuble blanche, dont le Saint se revêtait pour célébrer le saint sacrifice de la messe. Le jour de la fête de saint Frambour, le 16 août, l'évêque de Senlis se servait à l'autel des ornements du Saint.

Vers la fin du XIIe siècle, en 1177, les membres de la collégiale Saint-Frambour firent des réparations à leur église et ils en profitèrent pour constater de nouveau l'authenticité des reliques en présence des évêques de Senlis et de Meaux, des abbés de Charlieu, de Longpont et de Foigny. On trouva le corps de saint Frambour, abbé et confesseur, disent les Bollandistes, avec celui du saint évêque Gerbault; de saint Baumire, abbé; de sainte Lodovène, reine de France; de sainte Berthe, et le bras de saint Evulfe.

On donna de grandes solennités à l'occasion de la translation de ces précieux restes et la région entière y voulut prendre part. Les reliques furent portées en procession. Le roi Louis VII suivait les châsses. Le cardinal de Saint-Chrysogone, légat du Saint-Siège, prêcha en ces fêtes, ainsi que le rapporte une ancienne charte dont le Père Labbe publie le texte. Ebroïn, doyen ; Hildouin, trésorier ; Odon, chantre et tout le clergé de Saint-Frambour de Senlis accompagnaient le légat. Le roi, après avoir pieusement vénéré la châsse du Saint, voulut aussi la porter à son tour. De retour à la collégiale, le légat remit, au nom du Souverain Pontife, les vœux omis ou transgressés, les péchés oubliés et la septième partie des pénitences. L'Archevêque de Reims, Guillaume, voulut encore renchérir sur les faveurs octroyées par le légat et il remit, lui, la cinquième partie des pénitences imposées pour l'expiation des péchés.

Le jour de la fête de Frambour était, à Senlis, jour chômé.

La mémoire de Frambour est encore en honneur dans un grand nombre de diocèses, notamment à Bayeux et à Nantes, où le vénéré cardinal Richard s'est souvenu de l'avoir prié dans son enfance.

FRAMBOUR, PATRON D'IVRY

LES habitants d'Ivry voulurent être les premiers à honorer Frambour qui avait donné à leur contrée les prémices de sa vie religieuse.

Aussitôt après sa mort, ils élevèrent une chapelle sur la grotte où il avait vécu et on y vint prier de tous les environs. On n'avait pas le bonheur de posséder les reliques du Saint; la piété des fidèles Ivryens les porta à recueillir précieusement les pierres sur lesquelles le Saint s'était reposé. Le culte de Frambour à Ivry est donc plus que millénaire, puisqu'il a subsisté jusqu'à ces derniers temps, comme nous allons le prouver.

L'eau de la citerne, voisine de la grotte du Saint, qui s'enfla miraculeusement pour dissimuler sous ses ondes Frambour que son père recherchait, devint, pour les habitants de la région, une eau salutaire pour le soulagement ou la guérison des malades.

Cette eau, dit Jollain en 1676, qui semblait n'avoir rien au-dessus d'une eau commune, devint pour tous une liqueur précieuse et salutaire qui soulageait dans les maux et qu'on envoyait quérir de loin.

« On peut dire que la dévotion, dit encore Jollain, des habitants d'Ivry est aussi grande et considérable que jamais. Les grâces presque continuelles qu'ils en reçoivent et le grand nombre de personnes qui viennent de loin remercier Frambour des faveurs obtenues maintiennent la foi d'Ivry en son saint Patron. Aussi, en 1665, ils demandèrent à l'Archevêque de Paris la permission de rebâtir l'antique chapelle avec magnificence, grâce à quelques personnes considérables, replaçant avec soin sous l'autel, dans une ouverture qu'ils ont faite derrière ledit autel, les pierres qui avaient servi au Saint et conservant avec soin la citerne et le lieu de sa première retraite. »

La chapelle fut reconstruite grâce aux ressources fournies en partie par Claude Bosc, seigneur d'Ivry, et, en 1670, l'Archevêque de Paris, Hardouin de Péréfixe de Beaumont, y érigea, pour les deux sexes, une confrérie de Saint-Frambour que Clément IX enrichit des plus riches indulgences.

En 1675, l'Archevêque de Paris, sur les vives instances du seigneur d'Ivry, obtint de l'Evêque de Senlis et du chapitre de Saint-Fraimbaud une portion considérable de reliques qui furent solennellement transférées à Ivry le 1er mai de l'année suivante. Ces reliques furent déposées en présence d'une grande foule de pèlerins dans la chapelle de Saint-Frambour. Le grand archidiacre de Paris, l'abbé de la Motte, prêcha le panégyrique du Saint en présence de tous les curés des environs à la tête de leurs paroissiens. Après avoir vénéré les reliques, les fidèles allaient derrière l'autel visiter les pierres sur lesquelles le Saint prenait son repos et qui y étaient conservées avec soin. Les fêtes durèrent trois jours tant à la chapelle Saint-Frambour qu'à l'église paroissiale Saint-Pierre-Saint-Paul dont elle dépendait, puisqu'elle a toujours été desservie par le curé et ses vicaires.

Depuis cette époque jusqu'à la Révolution, on fit chaque année la fête du Saint le premier dimanche de mai, en l'honneur de la translation des reliques de 1676.

Les registres, que j'ai pu consulter à la mairie depuis 1600, m'ont fait voir que le prénom de Frambour était fréquemment donné au baptême aux enfants du pays.

La chapelle de Saint-Frambour fut dépouillée de ses ornements en 1793 et les chandeliers et croix qui ornaient ses deux autels transportés, avec le mobilier de l'église, à Bourg-l'Egalité (Bourg-la-Reine). Le 2 Thermidor, un sieur Martin fut envoyé dans la chapelle pour s'assurer qu'il n'y restait point d'objet métallique qui pût servir à la défense de la patrie; il viola une tombe et ramena trois cœurs en plomb. Le conseil municipal le blâma d'avoir ainsi interprété son mandat et outrepassé les ordres qui lui avaient été donnés.

Je me demande, puisque le rapport que j'ai lu ne parle pas de cercueil, s'il ne s'agit point là des reliques de Frambour. Le curé d'Ivry, l'abbé Maillet, avait enlevé de la chapelle tous les vases sacrés et objets précieux qui pouvaient être convoités. Qu'avait-il fait des reliques? Ce sont sans doute ces précieuses reliques enfermées dans des vases de plomb qui tombèrent dans les mains du violateur Martin. On ne s'explique point autrement l'indignation des membres du conseil de commune qui votèrent un blâme, puisque le même jour, par leur ordre, six cercueils de plomb, dont l'un était ouvert et contenait entier avec le drap qui l'enveloppait le corps qui y était enfermé, et trois cercueils d'enfants avaient été retirés, à l'église, d'un caveau de la chapelle de la sainte Vierge! Ces plombs furent envoyés à Bourg-l'Egalité pour être convertis en balles de fusil.

Que sont devenues les reliques? On l'ignore et elles disparaissent depuis la Révolution.

Le 1er mai 1805, l'abbé Roques revient à la tradition et on célèbre de nouveau la fête du saint Patron d'Ivry pour la première fois depuis 1792.

Le sieur de Mauperché, héritier des derniers seigneurs d'Ivry ou acquéreur de leurs biens, prétendit avoir droit sur la chapelle Saint-Frambour comme faisant partie du fief des seigneurs à qui il succède et il donna la chapelle à la commune pour les pauvres. L'Etat revendiqua à son tour la possession de la chapelle comme bien national. Un décret de Napoléon en 1810 attribua la chapelle à l'Etat. La municipalité et la fabrique d'Ivry protestèrent. Louis XVIII et Charles X firent de nouveau étudier la question à la suite d'une pétition que l'abbé Roques et la fabrique avaient adressée au gouvernement. Sur ces entrefaites, la chapelle, qui avait été, en juin 1793, louée au sieur Mathurin pour y serrer ses récoltes, et qui depuis était abandonnée, se dégradait de plus en plus. La municipalité, n'étant pas certaine du titre de propriété, ne se souciait pas d'y faire les lourdes dépenses nécessaires. Plusieurs amateurs s'étaient déjà présentés pour en faire l'acquisition. Le gouvernement de Juillet, plus dégagé de scrupules en ce qui touchait la Révolution, trancha la question de propriété de la chapelle en faveur de la commune et, de 1832 à 1837, portion de la chapelle Saint-Frambour fut vendue à M. Lebas.

La propriété de la chapelle et de son enclos appartient aujourd'hui en partie à la famille Vercollier. L'immeuble, élevé sur les ruines, porte le numéro 30 de la place Parmentier. La chapelle était exactement à la place de la maison du nourrisseur. Le puits de saint Frambour, complètement restauré sur l'antique citerne, subsiste encore. Il est mitoyen entre l'immeuble élevé sur la chapelle et l'ancien enclos.

Une note de l'abbé Boidard, premier vicaire de Saint-Jean-Saint-François, installé curé d'Ivry le lundi 3 mai 1858, le lendemain de la fête encore célébrée de saint Frambour, montre que, dès les premiers temps de sa gestion paroissiale, il se préoccupa de relever le culte du Saint dans sa grande paroisse désolée.

Voici cette note : « On ne conserve plus de reliques de saint Fraimbaud à Ivry ; la Révolution a tout détruit ; je suis même à l'heure qu'il est en demande pour en obtenir d'un endroit où j'ai découvert qu'on en conservait une partie... Cependant on en fait toujours la fête le premier dimanche de mai. Quant à la confrérie de Saint-Fraimbaud, elle n'existe plus, et, si je n'avais dans les archives les registres de cette confrérie, on ne se douterait pas qu'elle eût jamais existé. Mon plus grand désir est de réveiller dans ce pays le culte d'un Saint qui l'a honoré de sa présence, et dont l'ermitage à donné son nom à un quartier de la paroisse. »

J'ai en vain recherché, dans les archives paroissiales, le registre de la confrérie auquel la note de l'abbé Boidard fait allusion. Ce registre, mis de côté par le curé d'Ivry, a dû malheureusement être égaré lors de son décès. Je n'ai pu retrouver également le manuscrit de la Vie de Frambour qui était conservé à la paroisse et dont j'ai relevé l'existence dans un mémoire présenté au Baron de Vielcastel, sous-préfet de Sceaux, au nom de la paroisse, par l'abbé Roques, en 1817. Ce manuscrit très ancien devait être un document important puisqu'on se basait sur lui dans le mémoire pour attester que la chapelle avait toujours appartenu à la paroisse.

J'ai retrouvé par contre le coutumier paroissial, contemporain du curé Boidard, et j'y ai constaté que le dimanche 8 mai 1859, à la grand'messe, eut lieu une procession solennelle et la translation de la relique de saint Frambour. L'abbé Boidard avait donc vu la demande qu'il avait faite d'une relique du Saint favorablement accueillie et couronnée de succès. Il ne nous le dit malheureusement pas et force nous est de tâtonner en procédant par voie déductive.

Une note de l'abbé Lemaire, curé de Senlis, montre qu'à cette même époque il ne restait plus à Senlis qu'une relique matériellement peu importante et une église désaffectée et en ruines sous le vocable de Saint-Fraimbaud.

Ce n'est donc point à Senlis que l'abbé Boidard s'adressa, puisque la Révolution avait fait disparaître la collégiale fondée par la reine Adélaïde et anéanti les reliques.

Le diocèse du Mans, seul, possédait encore des reliques du Saint : sept morceaux du crâne, enfermés en un reliquaire de bronze argenté et conservés dans l'église de Saint-Frambour-de-Lassay. Ces reliques ont été de nouveau reconnues pour authentiques, le 17 juillet 1840, par Mgr Bouvier, évêque du Mans. Ce sont apparemment deux des fragments du crâne de Frambour que l'abbé Boidard obtint pour son église. Ces deux fragments, de quatre à cinq centimètres de long, sont renfermés dans une châsse, modeste mais convenable, qui fut longtemps conservée au presbytère et que tous les fidèles pourront maintenant vénérer dans l'église.

La fête de Frambour (1) fut encore célébrée à Ivry en 1887, sans toutefois la même solennité qu'autrefois. L'abbé Collas avait une grande dévotion envers saint Frambour et de grands projets en ce qui concerne la résurrection de son culte dans la

(1) La fête fut présidée en 1885 par Mgr de l'Escaille, actuellement Doyen du Chapitre.

paroisse qu'il sut si profondément remuer en peu de temps. Les œuvres multiples accomplies par ce zélé pasteur, comme la création de deux écoles libres, d'une chapelle de secours, des réunions mensuelles de la Sainte Famille, etc., montrent qu'il ne se contentait pas d'avoir de bonnes idées, mais qu'il savait les réaliser avec décision. Nous avons appris avec plaisir qu'après avoir achevé le nouvel agencement de la chapelle du Sacré-Cœur dans son église, il voulut, sur le terre-plein qui domine les marches de l'église, élever en plein air une statue à saint Frambour. La mort l'empêcha de réaliser ce désir, comme le départ de l'abbé Boidard pour Bercy avait empêché celui-ci d'élever, sous le vocable de saint Frambour, une chapelle de secours au Petit-Ivry. La mort du curé empêcha la célébration solennelle de la fête en 1888. On s'est contenté depuis d'exposer les reliques du Saint le premier dimanche de mai. Depuis plusieurs années, on y a renoncé. Ce fut la fin. Souhaitons voir promptement renoués les liens rompus de la vieille tradition ivryenne!...

Plus on part de bas, disait Talleyrand, plus on a d'élan pour monter plus haut. Frambour part des profondeurs de notre histoire pour venir jusqu'à nous. Ne serons-nous même plus capables de garder son souvenir? Le nom de Frambour ne doit pas périr à Ivry (1). L'existence modeste du Saint, partagée entre le labeur et la vertu, vouée aux fonctions d'un fécond ministère et à des œuvres d'apostolat que l'humilité sut couvrir, se rattache cependant à des événements pleins d'éclat qui furent, nous l'avons vu, la sanctification des prêtres, des religieux et la conversion du royaume très chrétien. Dieu a bâti la France à coups de miracles, et Frambour fut un de ses premiers ouvriers. Le miracle, qui déconcerte la raison, n'a rien qui l'humilie, rien qui puisse abaisser ce pays sauvé en 1429, lors de la délivrance d'Orléans, par Jeanne d'Arc, comme jadis le fut le genre humain par l'entremise d'une Vierge.

Après avoir loué l'homme glorieux que fut Frambour, je prie la jeunesse décadente et sans foi à qui je voudrais rendre l'énergie du bien, de jeter son regard dans l'avenir et de se dire que la France ne redeviendra grande, très grande, plus grande que jamais, la plus grande France, que si, fidèle à ses origines, elle sait encore crier : « Vive le Christ qui aime les Francs ! »

Saint Frambour, priez pour le retour à la foi d'Ivry, de la France !

(1) Saint Pierre et saint Paul sont considérés comme les patrons de l'église d'Ivry qui leur est consacrée. Saint Frambour, lui, a toujours été le patron populaire du pays.

Dernière page de la Vie de Frambour

PAR MESSIRE JOLLAIN

COMME la foi que le lecteur doit ajouter à tout ce qui précède dépend de la connaissance qu'il aura des pièces et mémoires sur lesquels cette Vie a été faite, je dirai qu'elle a été tirée des titres et antiquités de l'abbaye de Saint-Memin près Orléans, du prieuré de Javeron au Maine, des paroisses de Saint-Frambour de Lassay, Saint-Frambour de Prières et Saint-Frambour de Beaulieu, de l'Eglise canoniale de Saint-Frambour de Senlis, de la Chapelle de Saint-Frambour d'Ivry, des leçons du bréviaire de Senlis, de la Vie de ce Saint écrite en 1584 par Monsieur Huart, Docteur en théologie, d'une autre Vie de ce Saint écrite par Monsieur Sébastien Rouillard, de Melun, avocat en parlement en 1635, de la Vie de saint Innocent, évêque du Mans, et surtout de deux manuscrits très anciens qui se conservent l'un à Sainte-Marie de Bretheuil, diocèse de Beauvais, et l'autre en l'abbaye de Notre-Dame de la Victoire de Senlis. 1676.

Je ne puis mieux faire que de transcrire cette page à la fin de ce travail. De tous les documents qu'il indique, je n'ai pu retrouver que l'Office du bréviaire de Senlis dont il existe un exemplaire dans la sacristie de l'église d'Ivry. On verra sur quels documents a été faite la Vie du Saint et combien sérieux sont les témoignages sur lesquels j'ai voulu l'étayer moi-même.

DOCUMENT

relatif aux reliques de saint Frambour à Ivry.

FRANCISCUS Nicolaus Magdalena *Morlot,* miseratione divina et Sanctæ Sedis Apostolicæ gratia Cardinalis presbyter Sanctæ Romanæ Ecclesiæ tituli S. S. Nerei et Achillei, Archiepiscopus Parisiensis :

Universis et singulis, præsentes litteras inspecturis, notum facimus ac testamur, quod, ad majorem Dei omnipotentis gloriam, recognovimus sacras Reliquias Sancti Frambaldi abbatis quas ex authenticis locis extractas deposuimus super frustulum chartaceum panno serico rubro applicatum et in Theca cuprea deaurata lapidibus ornata et formæ ovalis ab anteriori parte crystallo munita, a posteriori bene clausa et filis sericis rubri coloris colligata, collocavimus, sigilloque nostro maximo obsignavimus.

Datum Parisiis, sub signo Vicarii nostri Generalis, sigillo nostro, ac secretarii Archiepiscopatus nostri subscriptione, anno Domini millesimo octingentesimo quinquagesimo nono, die vero mensis Maii sexta.

P. NÉRON, *vic. gen.*

De mandato Eminentissimi et Reverendissimi D. D. Cardinalis Archiepiscopi Parisiensis.

CHARLES, *can. h. sec.*

TRADUCTION

François-Nicolas-Madeleine Morlot, par la miséricorde divine et la grâce du Saint-Siège Apostolique, Cardinal-prêtre de la sainte Eglise Romaine du titre des Saints Nérée et Achillée, Archevêque de Paris :

Nous faisons savoir et attestons à tous ceux qui liront ces lignes que, pour la plus grande gloire du Dieu Tout-Puissant, nous avons reconnu les reliques de saint Frambour abbé qui, provenant de lieux authentiques, ont été déposées sur un petit carton revêtu de soie rouge et placées dans un médaillon ovale de cuivre doré et orné de pierreries muni d'un verre sur le devant et, de l'autre côté, bien fermé avec des fils de soie rouge et muni de notre plus grand sceau (1).

Donné à Paris le 6 mai 1859.

(1) Le sceau dont il est parlé a été sans doute involontairement oublié, car j'ai pu constater qu'il n'existait point.

Cantique populaire à saint Frambour.

1. Frambour, ta mémoire
Ici revivra ;
Pour chanter ta gloire,
Ivry s'unira.

Ref. : Frambour, ici, sera vénéré ;
Son nom vivra dans notre cité !

2. Où tu as vécu,
Nous saurons lutter !
Où tu as vaincu,
Nous saurons dompter !

3. On dit que la France
A perdu la foi ;
Rends-Lui l'espérance,
Nous comptons sur toi !

4. Laissons les timides,
Les lâches soldats !
Soyons intrépides,
Non, ne tremblons pas !

5. Frambour, rends l'espoir
Aux cœurs abattus.
Sois le désespoir
Des démons vaincus.

6. La Foi dans nos cœurs
De nouveau fleurit ;
Nous serons vainqueurs,
Frambour nous sourit.

7. Ta vieille chapelle
On la refera !
Noble citadelle,
Elle surgira.

8. Tous les Ivryens
Vont se convertir ;
Pour être chrétiens
Ils vont tous s'unir !

9. L'aurore du jour
Nous verra, joyeux,
Honorer Frambour
Des plus tendres vœux.

Serment à Marie [1].

1.

Heureux dans ta chapelle,
Les enfants Ivryens
A toi, Vierge fidèle,
Font vœu d'être chrétiens ;
Notre foi n'est pas morte,
Marie !
Ton amour nous transporte,
Bonne Marie !

2.

Quand les cris des passions
Troublent notre bonheur,
Oh ! nous t'en supplions,
Vite, ouvre-nous ton Cœur.
Là, on n'a plus d'alarme,
Marie !
On y vit dans le calme,
Bonne Marie !

3.

Entends gronder l'orage,
Satan veut nous dompter,
Il faut bien du courage
Pour oser l'affronter :
Nous n'en avons qu'à peine,
Marie !
Mais ta main en est pleine,
Bonne Marie !

4.

Ingrats, pourrions-nous fuir
Loin d'une tendre Mère ?
Nous ne pouvons périr,
Jésus est notre frère.
La voix de pauvres êtres,
Marie !
Peux-tu la méconnaître,
Bonne Marie ?

5.

De notre amour avide
Jésus s'attristera ;
S'il voit l'église vide,
Qui le consolera ?
Toi, si bonne patronne,
Marie !
Faut-il qu'on t'abandonne ?
Non ! Non ! Marie !

(1) Cantiques (celui-ci et le suivant) composés pour les enfants des catéchismes et qui trouvent leur place tout indiquée à la suite de celui de saint Frambour.

6.

Enfants de travailleurs,
Nous n'espérons qu'en toi ;
Car les libres-penseurs
Sont gens sans foi ni loi.
Leurs tristes bataillons,
Marie !
Nous les déserterons
Bien sûr ! Marie !

7.

Dans notre belle France,
La foi refleurira ;
Ici, chaque dimanche,
Ton Jésus nous verra.
La France si chrétienne,
Marie !
Ne sera pas païenne,
Oh ! non, Marie !

Salut des Enfants d'Ivry à Marie.

1.

Accourez, Ivryens,
Saluer votre Mère ;
Offrez-lui la prière [tiens !
D'enfants vraiment chré-

2.

Pourriez-vous oublier
Les bienfaits de Marie ?
Marie, à qui la prie,
Voudra tout accorder.

3.

Demandez donc en chœur
De conserver toujours
La foi des anciens jours
Qui donne le bonheur.

4.

Priez-la bien aussi
De vous garder tous purs,
Loin de plaisirs impurs,
Tels vous êtes ici.

5.

Offrez-lui donc vos vœux
Pour vos parents chéris :
Qu'avec eux réunis
Vous la voyiez aux Cieux !

6.

Salut, ô douce Reine,
Nous sommes bien à vous ;
Vous nous reverrez tous,
Dimanche, Souveraine !

OFFICE

DE

SAINT FRAMBOUR

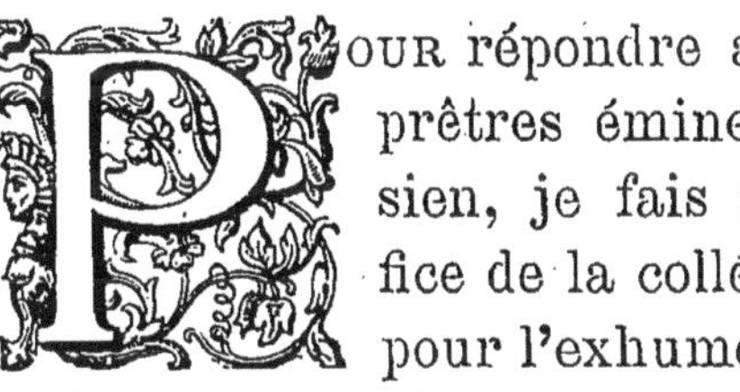

Pour répondre au désir de quelques prêtres éminents du Clergé Parisien, je fais reproduire tout l'office de la collégiale de Senlis, tant pour l'exhumer de l'oubli que pour compléter la gloire du Patron d'Ivry. Je sais combien certains prêtres désireraient voir le *Propre du diocèse de Paris* s'enrichir de la vie d'un Saint, Patron d'une des cités industrielles les plus populeuses de la Banlieue. Je dépose ce vœu entre les mains du bien-aimé Pasteur de ce diocèse. On remarquera l'élégance du style

L'Abbé CLAUZET

1811-1888

Curé d'Ivry de 1868 à 1885. L'abbé Clauzet prit la direction de la paroisse au moment où elle prenait son essor vers ce développement qu'elle a aujourd'hui. Il eût pu dire : Dieu accroît ma famille et mes peines! Cependant, l'abbé Clauzet fut à Ivry un curé heureux. Type de *brave homme*, il sut faire fuir les difficultés. C'était le curé des temps moins agités d'alors : méthodique, régulier, homme d'ordre. Il se faisait aimer surtout des enfants, avec qui il savait aller jusqu'à la familiarité sans jamais en franchir les frontières. Tout à tous! telle est la devise qui caractérise ce bon curé. L'orage grondait autour de l'Eglise de France quand il quitta Ivry en 1885.

des hymnes, des leçons et de la prose. Les moines maniaient le latin avec une aisance exceptionnelle. La vie de saint Frambour me dispense de traduire l'office.

AUX PREMIÈRES VÊPRES

Ps. de la Férie.

Ant. 7. d. Puer proficiebat et placebat tam Domino quam hominibus. (T. P. : alleluia *aux Ant. et aux Répons.*)

Ant. 8. g. Bonum est viro cum portaverit jugum ab adolescentia sua : Sedebit solitarius et tacebit, quia levavit supra se.

Ant. 4. E. Mihi mundus crucifixus est et ego mundo.

Ant. 8. c. Bonum est præstolari cum silentio salutare Dei.

Ant. 5. a. Misit de excelso et assumpsit me, et extraxit me de aquis multis.

CAPITULE. *Col.* 3.

Mortui estis et vita vestra abscondita est cum Christo in Deo. Cùm Christus apparuerit vita vestra, tunc et vos apparebitis cum ipso in gloria.

℟. Deo gratias.

℟. *du* 1er *ton.* D. Elegi abjectus esse in domo Dei mei magis † quàm habitare in tabernaculis peccatorum.

℣. Quia melior est dies una in atriis tuis super millia. † Quàm. Gloria Patri, etc. † Quàm.

HYMNE *du* 2. A.

Unde, Frambalde, tibi blandientem
Deseris Regum, fugitive, aulam ?
Unde blanditur magis horror antri,
Et fugis urbes ?

Spe sua lusus Pater, inquietus
Te per obscuros nemorum recessus
Quærit ; invicta velut arce tutus
Tu legis antro.

Quin et immanem propè fons cavernam
Limen occludit superante fluctu,
Hospitem servat ; fuit unda muri
Instar aheni.

Te quis avellat ? Tenebræ tuentur,
Te tenet Christi melior catena ;
Te tamen pellet, tua quam tegebas
Cognita virtus.

Sit Patri, sit laus Genito, sit Almo
Flamini, sit laus tribus una semper ;
Et tibi cunctis, Deus, unus, æqua
Gloria sæculis. Amen.

℣. Custodi me a laqueo quem statuerunt mihi. ℟. Et a scandalis operantium iniquitatem.

Ad MAGNIFICAT.

Ant. J. Existimo omnia detrimentum esse propter eminentem scientiam Jesu Christi Domini mei propter quem omnia detrimentum feci.

L'Oraison aux Laudes.

A COMPLIES

Psaumes de la Férie.

Ant. 4. E. Qui habitant in deserto securi dormient in saltibus : et ponam eos in circuitu collis mei benedictionem.

NUNC DIMITTIS.

Ant. 2. A. Habitabit in solitudine judicium ; et erit opus justitiæ pax ; et cultus justitiæ silentium et securitas usque in sempiternum.

L'Oraison, l'Antienne à la sainte Vierge au Propre du temps.

A L'OFFICE DE LA NUIT

INVITATOIRE *du* 4. *en* E.

Ducentem dilectos suos in solitudinem Dominum, † Venite adoremus. Alleluia. *On répète* Ducentem, etc.

Venite, exultemus Domino, jubilemus Deo salutari nostro : præoccupemus faciem ejus in confessione, et in psalmis jubilemus ei. Ducentem, etc.

Quoniam Deus magnus Dominus, et Rex magnus super omnes Deos : quoniam non repellet Dominus plebem suam, quia in manu ejus sunt omnes fines terræ, et altitudines montium ipse conspicit. Ducentem, etc.

Quoniam ipsius est mare, et ipse fecit illud, et aridam

fundaverunt manus ejus : venite adoremus, et procidamus ante Deum : ploremus coram Domino qui fecit nos, quia ipse est Dominus Deus noster ; nos autem populus ejus et oves pascuæ ejus. Ducentem, etc.

Hodie si vocem ejus audieritis, nolite obdurare corda vestra ; sicut in exacerbatione secundum diem tentationis in deserto, ubi tentaverunt me patres vestri, probaverunt et viderunt opera mea. Ducentem, etc.

Quadraginta annis proximus fui generationi huic, et dixit : Semper hi errant corde ; ipsi vero non cognoverunt vias meas quibus juravi in ira mea, si introibunt in requiem meam. Ducentem, etc.

Gloria Patri et Filio et Spiritui sancto : sicut erat in principio, et nunc, et semper, et in secula seculorum. Amen.

On répète Venite, etc., et l'*Invitatoire* Ducentem, etc.

HYMNE *du* 1er *ton.*

Per quæque lustrans antra virûm manus
Virtutis acer quos amor excitat,
Frambalde, sylvis te latentem reperit ;
Ac sequitur magistrum.

Non ausus at tu quid sine numinis
Tractare nutu, propositum times
Obire munus, ni secundet egregius
Tua cæpta præsul.

Ut ille novit, te vocat in suæ
Quam spontè partem sollicitudinis ;
Tunc plebis inversos, reformas in melius ;
Reparasque, mores.

Collapsa priscum relligio decus
Per te resumit; te duce, frigidis
Ignis reaccensus medullis, quo veteres
Caluere patres.

Oblivioso rite silentio
Celare dotes pectoris intimi,
Frambalde, frustrà niteris, te conspicuum
Tua fama prodit.

Te sanitatis munera redditæ,
Concessus ægris et vigor artubus
Clarant potentem, dira morbi, dira necis
Perpulisse verbo.

Frambalde, gentis præsidium tuæ
Quoscumque morbos eluere efficax,
Per te diuturna fruamur corporis
Ac animi salute.

Æterna sit laus ingenito Patri,
Natoque sit par unigenæ decus
Utroque manans Flamen almum omne tibi
Sit honor per ævum. Amen.

Psaumes du Dimanche.

Ant. 2. D. Justum est apud Deum retribuere vobis requiem in revelationem Domini Jesu.

Ant. 4. E. Mortui estis et vita vestra abscondita est cum Christo in Deo.

Ant. 6. C. Pars mea Dominus, dixit anima mea. Bonus est animæ quærenti illum.

℣. Redimit Dominus de interitu vitam tuam.

℟. Renovabitur ut aquilæ juventus tua.

La Bénédiction et l'absolution au Propre du temps.

Ire Leçon.

De Libro Sapiéntiæ. *Cap. 4.*

Placens Deo factus est diléctus, et vivens inter peccatóres translátus est. Raptus est ne malítia mutáret intelléctum ejus, aut ne sítio decíperet ánimam illíus. Fascinátio enim nugacitátis obscúrat bona, et inconstántia concupiscéntiæ transvértit sensum sine malítia. Consummátus in brevi explévit témpora multa : plácita enim erat Deo ánima illíus : propter hoc properávit edúcere illum de médio iniquitátum. Tu autem, etc.

℟. 6e *ton.* Egrédere de terra tua et de cognatióne tua, et de domo patris tui, et veni. † In terram quam monstrávero tibi.

℣. Si vis perféctus esse, vade, vende quæ habes et da paupéribus, et habébis thesáurum in cœlo, et veni, séquere me. † In, etc.

IIe Leçon.

Beáti Frambáldi Jabronénsis Abbátis corpus in suo apud Cenomános monastério tumulátum magno in honóre hábitum est a vicínis circùm regiónibus. Huc tota è Gállia peregríni frequéntes advéniunt, plurésque sub ejus nómine sacræ ædes extrúctæ. Pietáte insígnis Regína Adélais Eduárdi Anglórum regis fília et Hugónis Capéti uxor pio erga Sanctum Frambáldum stúdio afiécta cui régiæ famíliæ prosperitátem ac regni totíus incolumitátem accépta referébat, sacras hujus relíquias è loco in quo a quingéntis annis jacébant extráctas in spléndida ac pretiósa capsa a se donáta recóndidit. Tùm illas Sylvanéctum in Ecclésiam Collegiálem a se in honórem illíus ædificátam ac redditibus asportári vóluit. Insuper et eámdem Ecclésiam alba cásula, aliísque Sancti Frambáldi ornaméntis donávit quibus etíamnum Epíscopus quotánnis útitur die festo Sancti Frambáldi décimâ sextâ Augústi. *Iberiacénses ad Parísios íncolæ* apud quos sanctus Frambáldus religiósæ vitæ tyrocínia posúerat, statim atque è vivis excéssit, singulári erga illum pietáte permóti, sub illíus se tutéla commisérunt ac sacéllum juxta spelúncam qua vivus deliníerat in illíus memóriam extruxérunt. Ponè hujus sacélli altáre áditus est, quo lápides spelúncæ honorífìcè repósiti visúntur. Ipsis verò cistérnæ aquis vim inésse salúbrem ac morbis quibúsque sanándis efficácem frequénti háctenus experiéntia comprobátum. Inibi a venerándo in Christo patre Harduíno Perefíxio Parisiénsi Archiepíscopo, anno millésimo sexcentésimo septuagésimo constitúta piórum utriúsque sexus sodálitas, cui Clemens nonus, Póntifex Máximus, pleniórem indulgéntiam concéssit in perpétuum. Quod veró unum máximè in votis erat Iberiacénsibus cóntulit vir illústris Claúdius de Bosco, Iberíaci Topárcha, insígnem scílicet reliquiárum Sancti Frambáldi portiónem, quam a reveréndo Sylvanecténsi, Epíscopo, ac venerabílibus viris Thesaurário, præcentóre ac Canónicis Collegiális Ecclésiæ Sancti Frambáldi Sylvanecténsis impetrárat, anno millésimo sexcentésimo septuagésimo quinto. Hoc pretiósum, tamque diu optátum pignus, anno sequénti, de mandáto ejúsdem Harduíni Archiepíscopi Parisiénsis, in præfátum sacéllum solémni ritu ac frequénti supplicántium ágmine delátum est caléndis Máii. Hac ígitur mérito die Iberiacénses dúplicis hujus translatiónis memóriam récolunt. Sancti Frambáldi opem confidénti ánimo implorátam multis tùm malis depelléndis tùm bonis impetrándis valére plúrima ac stupénda mirácula testántur. Tu autem, etc.

℟. *du* 1. D. Si videris sensatum, vigila-ad eum, † et gradus ostiorum illius exterat pes tuus.

℣. Cum viro sancto assiduus esto quemcumque cognoveris observantem timorem Dei. † Et, etc.

III° Leçon.

Léctio Sancti Evangélii secúndùm Lucam. *Cap. 14.*

In illo témpore dixit Jesus turbis : Si quis venit ad me, et non odit patrem suum et matrem, et uxórem, et filios, et fratres, et soróres adhuc autem et ánimam suam, non potest meus esse discípulus. Et réliqua.

Homília Sancti Gregórii Papæ.

Percontári libet quómodo paréntes et carnáliter propínquos præcípimur odísse, qui jubémur et inimícos dilígere. Et certè véritas de uxóre dicit : Quod Deus conjúnxit, homo non séparet. Et Paulus ait : Viri, dilígite uxóres vestras sicut et Christus Ecclésiam. Ecce discípulus uxórem diligéndam prædicat, cùm magíster dicat : Qui uxórem non odit, non potest meus esse discípulus. Numquid áliud judex núnciat, aliud præco clamat ? An simul odísse póssumus et dilígere ? Sed si vim præcépti perpéndimus, utrúmque ágere per discretiónem valémus : ut eos qui nobis carnis cognatióne conjúncti et quos próximos nóvimus, diligámus, et quos adversários in via Dei pátimur, odiéndo et fugiéndo nesciámus, quasi enim per ódium dilígitur qui carnáliter sápiens, dum prava nobis íngerit non audítur. Tu autem Dómine, miserére nostri. ℟. Deo grátias.

℟. *du* 5e *ton.* Perambulabat magis sermo de illo, et conveniebant turbæ multæ ut audirent et curarentur. † Ab infirmitatibus suis.

℣. Omnes qui habebant infirmos ducebant illos ad eum, at ille singulis manus imponens curabat eos. † Ab. etc. Gloria, etc. Ab.

℣. *Sacerd.* Beatus dives qui inventus est sine macula.

℟. Et qui post aurum non abiit.

A LAUDES ET AUX HEURES

Psaumes du Dimanche.

Ant. 3. a. Quantò magnus es, humilia te in omnibus, et coram Deo invenies gratiam.

Ant. 2. D. In multitudine Presbyterorum prudentium stetit, et sapientiæ illorum ex corde conjunctus est.

Ant. 1. D. Interrogate de semitis antiquis quæ sit via bona, et ambulate in ea, et invenietis refrigerium animabus vestris.

Ant. 8. G. Vir sapiens implebitur benedictionibus, et videntes eum laudabunt.

Ant. 5. C. Non in sapientia carnali, sed in gratia Dei conversati sumus in hoc mundo.

CAPITULE. *Isaïe.*

Lætabitur deserta et invia, et exultabit solitudo, et florebit quasi lilium. Germinans germinabit, et exultabit lætabunda et laudans. ℟. Deo gratias.

HYMNE *du* 5e *ton.*

Certo vocatus numinis omine,
Frambaldus ædes miciacas subit
Rectique cultum Maximino
Edidicit sapiens magistro.

Non horret olli pauperies gravis,
Non victus asper, non labor improbus,
Nec mollis aulæ præ severis
Delicias ferat institutis.

Ardore sacro pectus inæstuat,
Versatur alto fervida mens polo,
Intermicat fratres, minora
Luna velut nitet inter astra.

Fastu superbum plus nimio caput
Non indè tollit, quin potiùs leves
Plausus reformidans, repostos
Cenomanum fugit usque fines.

Ignotus errat per nemus invium,
Unique Christo vivere gestiens
Dumis inaccessum Beatus
Exul adit Javeronis antrum.

Æterna sit laus ingenito Patri,
Natoque sit par unigenæ decus,
Utroque manans, Flamen almum,
Omne tibi sit honor, per ævum. Amen.

℣. Rectas facite in solitudine.

℟. Semitas Dei nostri.

Ad Benedictus. *Ant.* 3. Si quis vult post me venire, abneget semetipsum et tollat crucem suam, et sequatur me.

OREMUS.

Præsta, quæsumus, omnipotens Deus, ut sicut Beatus Frambaldus Abbas omnia detrimentum fecit, ut Christum lucrifaceret, ita et nos non mundum, neque ea quæ in mundo sunt, sed te super omnia diligamus. Per eumdem.

A PRIME

Ant. Quantò magnus es.

A TIERCE

Ant. In multitudine.

CAPITULE. *Phil.* 3.

Fratres, omnia detrimentum feci et arbitror ut stercora, ut Christum lucrifaciam, et inveniar in illo.

℟. Deo gratias.

℟. *br.* Averte oculos meos † ne videant vanitatem, allel., alleluia. Averte. ℣. In via tua † vivifica me. † Alleluia, alleluia. Gloria. † Averte.

℣. Ecce elongavi fugiens.

℟. Et mansi in solitudine.

A LA PROCESSION

℟. *du* 1er *ton.* Quæ mihi fuerunt lucra, hæc arbitratus sum propter Christum detrimenta ; † Ut inveniar in illo habens justitiam, quæ ex fide est, configuratus morti ejus. ℣. Elegi abjectus esse in domo Dei mei, magis quàm habitare in tabernaculis peccatorum. † Ut inveniar. Gloria *du* 1. † Ut inveniar.

℣. Adhæsit anima mea post te, Domine.

℟. Me suscepit dextera tua.

OREMUS.

Deus qui Beatum Frambaldum, ut tibi crucifixo adhæreret, terrena omnia despicere tribuisti : concede, ut ejus meritis et exemplo discamus perituras mundi calcare delicias, et amplexu tuæ crucis omnia nobis adversantia superare. Qui vivis et regnas.

A LA MESSE

INTROIT *du* 6.

In lege Domini fuit voluntas ejus, et in lege ejus meditabitur die ac nocte : et erit tanquam lignum quod plantatum est secus decursus aquarum, quod fructum suum dabit in tempore suo. *T. P.* Alleluia, alleluia. *Ps.* Beatus vir qui non abiit in concilio impiorum, et in via peccatorum non stetit, et in cathedra pestilentiæ non sedit. ℣. Gloria. In lege.

Kyrie. Gloria in excelsis.

ORAISON.

Præsta, quæsumus, omnipotens Deus, ut sicut Beatus Frambaldus Abbas omnia detrimentum fecit, ut Christum lucrifaceret, ita et nos non mundum, neque ea quæ in mundo sunt, sed te super omnia diligamus. Per eumdem Dominum.

Lectio Isaiæ Prophétæ. C. 25.

Lætábitur desérta et ínvia, et exultábit solitúdo; et florébit quasi lílium. Gérminans germinábit, et exultábit lætabúnda et laudans. Glória Líbani data est ei. Decor Carméli et Saron, ipsi vidébunt glóriam Dómini, et decórem Dei nostri. Confortáte manus dissolútas et génua debília roboráte. Dícite pusillánimis : Confortámini et nolíte timére : Ecce Deus vester ultiónem addúcet retributiónis. Deus ipse véniet, et salvábit vos. Tunc aperiéntur óculi cæcórum et aures surdórum patébunt. Tunc sáliet sicut cervus claudus, et apérta erit lingua mutórum : scissæ sunt in desérto aquæ, et torréntes in solitúdine. Et quæ erat árida erit in stagnum et sítiens in fontes aquárum. In cubílibus, in quibus priùs dracónes habitábant, oriétur viror cálami et junci. Et erit ibi sémita et via, et via sáncta vocábitur. Non pertransíbit per eam pollútus, et hæc erit vobis dirécta via, ita ut stulti non errent per eam. Non erit ibi leo, et mala béstia non ascéndet per eam, nec inveniétur ibi; et ambulábunt qui liberáti fúerint. Et redémpti à Dómino converténtur, et vénient in Sion cum laude : et lætítia sempitérna super caput eórum. Gaúdium et lætítiam obtinébunt, et fúgiet dolor et gémitus.

GRADUEL *du* 1.

Complacui in veritate tua, non sedi cum consilio vanitatis, et cum iniqua gerentibus non introibo.

℣. Non in sapientia carnali; sed in gratia Dei conversati sumus in hoc mundo. (T. P. *Du* 6. Alleluia, alleluia.

℣. Nos autem non Spiritum hujus mundi accipimus, sed Spiritum qui ex Deo est, ut sciamus quæ a Deo donata sunt nobis.) *Du* 5. C. Alleluia, alleluia.

℣. Crescere me fecit Deus in terra paupertatis meæ. Alleluia.

PROSE. *Du* 5. C.

Vos o! plenis thus acerris,
Sacra gens, incendite ;
Et Frambaldo sursum terris
Evolanti plaudite.

Hic paterna clarus gente,
Clarior virtutibus
Floret aula ; sed nec mente,
Nec fœdatur moribus.

Mox favoris atque plausus
Vitet ut pericula,
Vallem intrat, sub qua clausus ;
Hostis cavet jacula.

Se se Deo mactans totum,
Non labores horruit :
Gramen pastum, flumen potum ;
Tellus stratum præbuit.

Frustrà pater indagatur,
Antri quærens hospitem :
Fonte specus obseratur,
Christo servans militem.

Rivi cessant exundantes,
Genitor ut abiit :
Nati plantas exultantes
Sicca terra fulciit.

Indè migrat, aditurus
Meritis spectabilem
Maximinum, et daturus
Se præceptis docilem.

Tali servat à Rectore
Vitæ leges traditas ;
Hoc percurrit et ductore
Strictas Christi semitas.

Favet æther deprecanti,
Vigor ægris redditur :
Quin infernus imperanti,
Frendens licet, subditur :

Uni Deo fama crescens,
Laudes reddit debitas :
At honores extimescens,
Rupes quærit abditas.

Tantus amor latebrarum
Præripit hunc populis ;
Lustra præfert dum ferarum ;
Se spectantum oculis.

Turba Fratrum latitantem
Nutu Dei reperit :
Huic se præbens auscultantem,
Sinus cordis aperit.

Curam plebis huic partitur
Præsul Innocentius :
Per hunc templi resarcitur
Tunc decor inglorius.

Quantùm juvit cruciatos
Capitis doloribus !

Quot servavit enecatos
Diræ febris æstibus !

Da, Frambalde, jubar cœli !
Potens morbos sistere ;
Pulsis malis, nos fideli
Deum cultu colere.

Pax et salus, te custode,
Vigeant his finibus,
Ut resultent sacra laude
Pro donis cœlestibus. Amen.

Sequéntia sancti Evangélii secúndum Lucam. Cap. 14.

In illo témpore dixit Jesus turbis : Si quis venit ad me, et non odit patrem suum, et matrem, et uxórem, et fílios, et fratres, et soróres adhuc autem et ánimam suam, non potest meus esse discípulus. Et qui non bájulat crucem suam, et venit post me, non potest meus esse discípulus. Quis enim ex vobis volens turrim ædificáre, non priùs sedens cómputat sumptus, qui necessárii sunt, si hábeat ad perficiéndum ; ne, posteáquam posúerit fundaméntum, et non potúerit perfícere, omnes qui vident incípiant ei illúdere dicéntes, quia hic homo cæpit ædificáre, et non pótuit consummáre ? Aut quis Rex íturus commíttere bellum advérsus álium Regem, non priùs sedens cógitat, si possit cum decem míllibus occúrrere ei, qui cum vigénti míllibus venit ad se ? Alióquin adhuc illo longè agénte, legatiónem mittens rogat ea quæ pacis sunt. Sic ergo omnis ex vobis, qui non renúntiat ómnibus quæ póssidet, non potest meus esse discípulus. — Credo.

OFFERTOIRE. *Du* 6.

Dirupisti, Domine, vincula mea, tibi sacrificabo hostiam laudis, et nomen Domini invocabo. *T. P.* Alleluia.

SECRÈTE.

Omnipotens sempiterne Deus, oblatis, quæsumus, placare muneribus, et intercedente Beato Frambaldo Abbate, qui seipsum tibi exhibuit hostiam viventem, sanctam, beneplacentem, concede propitius ut et nos sacrificemus tibi sacrificium justitiæ. Per Dominum, etc.

COMMUNION. *Du* 5.

Eduxit Dominus rivos de petra durissima, et cibavit te manna in solitudine. *T. P.* Alleluia.

POST-COMMUNION.

Cibati ex adipe frumenti, et melle de petra saturati, quæsumus, Domine Deus noster, ut intercedente Beato Frambaldo Abbate, panem vivum qui Christus est sic dignè manducemus in terris, ut de eo æternùm vivamus in cœlis. Per eumdem Dominum Jesum Christum, etc.

A SEXTE

Ant. Interrogate.

CAPITULE.

Nescitis quia amicitia hujus mundi inimica est Deo : quicumque ergo voluerit esse amicus seculi hujus, inimicus Dei constituitur. ℟. Deo gratias.

℟. *br.* Posuerunt peccatores † laqueum mihi ; alleluia, alleluia. Posuerunt.

℣. Et de mandatis tuis † non erravi : Alleluia. Gloria. Posuerunt.

℣. Super aquam refectionis educavit me.

℟. Animam meam convertit.

A NONE

Ant. Non in sapientia.

CAPITULE. *1 Cor.* 9.

Omnis qui in agone contendit ab omnibus se abstinet, et illi quidem ut corruptibilem coronam accipiant, nos incorruptam.

℟. Deo gratias.

℟. *br.* Lætabor ego † super eloquia tua. Alleluia, allel. Lætabor.

℣. Sicut qui invenit spolia multa. † Al. Gloria. Lætabor.

℣. Beatus homo quem tu erudieris, Domine.

℟. Et de lege tua docueris eum.

AUX DEUXIÈMES VÊPRES

Psaume 109. Dixit Dominus.

Ant. 1. D. Erat vir simplex et rectus ac timens Deum; et recedens a malo.

Psaume 110. Confitebor.

Ant. 2. A. Cùm multum ipsi esset abundanter tribuit; præmium bonum thesaurizavit sibi.

Psaume 111. Beatus.

Ant. 3. E. Fugit solus consortia omnium et custodivit animam suam.

Psaume 112. Laudate.

Ant. 4. D. Tentationem permisit Dominus evenire illi, ut posteris daretur exemplum patientiæ ejus.

Psaume 113. In exitu.

Ant. 5. C. Immobilis in Dei timore permansit, agens gratias Deo omnibus diebus vitæ suæ.

CAPITULE. *Philip.* 1.

Fratres, in omni fiducia, sicut semper et nunc magnificabitur Christus in corpore meo, sive per vitam sive per mortem.

℟. Deo gratias.

HYMNE. *Du 2e ton.*

Festis sacra sonent atria cantibus,
Fortis quando brevem spernere gloriam
Frambaldus, solidis gaudet honoribus,
Cœli vectus in ardua.

Non splendor generis, non favor, aut domus
Hunc grata juvenem compede detinens :
Prudens instabilis, transfuga regiæ,
Valles Iberiacas petit.

Nudus deliciis, et patria procul,
Illa sede manet, qua riguus cava
Fons sub rupe fluit, te Deus auspice,
Pœnarum puer insolens.

Quæ te, nate, renet terra ? Quis angulus ?
Mœrens, ah ! quoties, ingeminat Pater ?
Lustrat quàque rati propositum recens
Certus vertere consilî.

Perquisita diu pervenit ad loca,
Frustrà : nam tumidi protinus alveo
Exundant latices fontis, et inviæ
Præcludunt aditum specus.

Deceptus genitor liminibus simul
Abcessit vetitis, unda remissior
Nato pandit iter : consiliis Deus,
Sic, Frambalde, tuis favet.

Immortale tibi sit decus, o Pater !
Sit par unigenæ gloria Filio,
Sit non absimilis, secula per omnia,
Almo gloria Flamini. Amen.

℣. Exultabit solitudo.
℟. Et florebit quasi lilium.

Ad Magnificat.

Ant. J. In omni gente quæ audierit nomen tuum magnificabitur super te Deus Israël : ne cesses clamare pro nobis ad Dominum Deum nostrum ut salvet nos.

Mémoires des dimanches d'après Pâques.

A COMPLIES

Psaumes du Dimanche.

Ant. *Comme aux premières Vêpres.*

LE IIe DIMANCHE APRÈS PAQUES

AUX IIes VÊPRES.

Ant. Tanquam ovis ad occisionem ductus est, et sicut agnus non aperuit os suum. In humilitate judicium ejus sublatum est : generationem ejus quis enarrabit ? Allel.

A LAUDES.

Ant. Ego sum ostium ovium : Veni ut vitam habeant, et abundantius habeant. Ego sum Pastor bonus. Alleluia.

AUX IIes VÊPRES.

Ant. Alias oves habeo quæ non sunt ex hoc ovili ; et illas oportet me adducere : et vocem meam audient ; et fiet unum ovile, et unus pastor. Alleluia.

LE IIIe DIMANCHE APRÈS PAQUES

AUX I^{res} VÊPRES.

Ant. Occisus es, Domine, et redemisti nos Deo in sanguine tuo ex omni tribu, et lingua, et populo, et natione ; fecisti nos Deo nostro regnum et Sacerdotes. Alleluia.

A LAUDES.

Ant. Amen, amen dico vobis, quia plorabitis et flebitis

vos ; mundus autem gaudebit : vos autem contristabimini, sed tristitia vestra vertetur in gaudium, alleluia.

Aux IIes Vêpres.

Ant. Nunc quidem tristitiam habetis, iterum autem videbo vos, et gaudebit cor vestrum ; et gaudium vestrum nemo tollet a vobis, alleluia.

LE IVe DIMANCHE APRÈS PAQUES

Aux Ires Vêpres.

Ant. Resurrexit Christus, et visus est Cephæ, et post hoc undecim ; deinde visus est plusquam quingentis Fratribus simul ; deinde visus est Jacobo ; deinde Apostolis omnibus. Alleluia.

A Laudes.

Ant. Nunc vado ad eum qui misit me, alleluia, allel.

Aux IIes Vêpres.

Ant. Expedit vobis ut ego vadam ; si enim non abiero, Paracletus non veniet ad vos ; si autem abiero, mittam eum ad vos. Alleluia.

LE Ve DIMANCHE APRÈS PAQUES

Aux I^res VÊPRES.

Ant. David appositus est ad patres suos, et vidit corruptionem : quem vero Deus suscitavit a mortuis, non vidit corruptionem. Alleluia.

A LAUDES.

Ant. Amen, amen dico vobis : si quid petieritis Patrem in nomine meo, dabit vobis, alleluia.

Aux IIes VÊPRES.

Ant. In nomine meo petetis, et non dico vobis quia ego rogabo Patrem de vobis : ipse enim Pater amat vos, quia vos me amastis, et credidistis quia ego a Deo exivi, alleluia.

LE DIMANCHE DANS L'OCTAVE DE L'ASCENSION

Aux I^res VÊPRES.

Ant. Hæc locutus sum vobis, ut cum venerit hora eorum, reminiscamini quia ego dixi vobis, alleluia.

Laudes. IIes VÊPRES.

MÉMOIRE DE S. JACQUES ET DE S. PHILIPPE

Aux Ires Vêpres.

Ant. 6. f. Dixit Jesus Philippo : Si quis mihi ministrat me sequatur, et ubi sum ego, illic et minister meus erit, alleluia. *Joan.* 12.

℣. Gloria virtutis illorum tu es. ℟. Quia Domini est assumptio nostra. *Ps.* 88.

A Laudes.

Ant. 7. Aperuit illis sensum, ut intelligerent Scripturas, et dixit eis : Sic oportebat Christum pati et resurgere a mortuis ; vos autem testes estis horum, alleluia. *Luc.* 24.

℣. Memoriam abundantiæ suavitatis tuæ eructabunt.

℟. Et justitia tua exultabunt. *Ps.* 144.

Aux IIes Vêpres.

Ant. 8. G. Jacobus, et Cephas, et Joannes qui videbantur columnæ esse, dextras dederunt mihi et Barnabæ societatis, ut nos in gentes, ipsi autem in circumcisionem, alleluia. *Galat.* 2.

℣. Annuntiaverunt justitiam ejus.

℟. Et viderunt omnes populi gloriam ejus. *Ps.* 96.

Oratio.

Deus, qui nos annua apostolorum tuorum Philippi et Jacobi solemnitate lætificas : da nobis ipsorum precibus, in unigeniti tui passione et resurrectione consortium, ut paratam in domo tua mansionem hæreditate consequamur. Per eumdem Dominum nostrum, etc.

XVI AOUT

AUX I[res] VÊPRES ET A L'OFFICE DE LA NUIT

Comme au Temps Pascal.

L'Invitatoire, le Venite, *l'Hymne comme au Temps Pascal.*

Les Psaumes du Dimanche.

AU Ier NOCTURNE.

Ant. Beatus vir qui non abiit in consilio impiorum; sed in lege Domini voluntas ejus.

Ant. Scitote quoniam mirificavit Dominus Sanctum suum, Dominus exaudiet me cum clamavero ad eum.

Ant. Ego in multitudine misericordiæ tuæ introibo in domum tuam, adorabo ad templum sanctum tuum in timore tuo.

℣. Ecce elongavi fugiens.

℟. Et mansi in solitudine.

Secreto. Pater noster.

Alta voce. ℣. Et ne nos inducas in tentationem.

℟. Sed libera nos a malo.

Absolution et Bénédiction au Propre.

LEÇON I.

De Libro Sapiéntiæ. *Cap. 4.*

Placens Deo factus est diléctus, et vivens inter peccatóres translátus est. Raptus est ne malítia mutáret intelléctum ejus, aut ne fíctio decíperet ánimam illíus. Fascinátio enim nugacitátis obscúrat bona, et inconstántia concupiscéntiæ transvértit sensum sine malítia. Consummátus in brevi explévit témpora multa : plácita enim erat Deo ánima illíus : propter hoc properávit edúcere illum de médio iniquitátum. Tu autem Dómine, miserére nostri.

℟. Deo grat i

℟. *du* 1. Salva animam tuam, noli respicere post tergum, nec stes in omni circa regione, sed in monte salvum te fac. † Ne et tu simul pereas.

℣. Fili mi, si te lactaverint peccatores, ne acquiescas eis. † Ne, etc.

LEÇON II.

Pópuli autem vidéntes et non intelligéntes, nec ponéntes in præcórdiis tália : quóniam grátia Dei, et misericórdia est in Sanctos ejus, et respéctus in eléctos illíus. Condémnat autem justus mórtuus vivos ímpios, et juvéntus celérius consummáta longam vitam injústi. Vidébunt enim finem sapiéntis, et non intélligent quid cogitáverit de illo Deus, et quare muníerit illum Dóminus. Vidébunt et contémnent eum. Illos autem Dóminus irridébit; et erunt post hæc decidéntes sine honóre, et in contumélia inter mórtuos in perpétuum. Quóniam disrúmpet illos inflátos sine voce, et commovébit illos a fundaméntis, et usque ad suprémum desolabúntur. Tu autem Dómine, miserére nostri.

℟. Deo gratias.

℟. *du* 6. Egredere de terra tua, et de cognatione tua, et de domo patris tui, et veni. † In terram quam monstravero tibi.

℣. Si vis perfectus esse, vade, vende quæ habes et da pauperibus, et habebis thesaurum in cœlo, et veni, sequere me.

Leçon III.

Et erunt geméntes et memória illórum períbit. Vénient in cogitatióne peccatórum suórum tímidi, et tradúcent illos ex advérso iniquitátes ipsórum. Tunc stábunt justi in magna constántia advérsus eos qui se angustiavérunt, et qui abstulérunt labóres eórum. Vidéntes turbabúntur timóre horríbili, et mirabúntur in subitatióne insperátæ salútis, dicéntes intrà se pœniténtiam agéntes et præ angústia spíritus geméntes : Hi sunt quos aliquándo habúimus in derísum, et in similitúdinem impropérii. Nos insensáti vitam illórum æstimabámus insániam et finem illórum sine honóre. Ecce quómodò computáti sunt inter fílios Dei, et inter sanctos sors illórum est. Tu autem Dómine, miserére nostri. ℟. Deo gratias.

℟. *du* 5. In voluntate tua deduxisti me et cum gloria suscepisti me. † Quid enim mihi est in cœlo et a te quid volui super terram ?

℣. Quis dabit mihi pennas sicut columbæ, et volabo et requiescam ? † Quid, etc.

℣. Gloria, etc. † Quid, etc.

AU IIe NOCTURNE

Ant. A. 5. Requiescet in monte sancto tuo, qui ingreditur sine macula et operatur justitiam.

Ant. v. 7. Innocens manibus et mundo corde, qui non accepit in vano animam suam, nec juravit in dolo proximo suo, hic accipiet benedictionem a Domino.

Ant. 5. Non sedi cum consilio vanitatis, et cum iniqua gerentibus non introibo.

℣. Super aquam refectionis educavit me.

℟. Animam meam convertit. *Pater noster.*

Leçon IV.

Frambáldus clara ac prædívite família ortus, patre natus est Arvérniæ præfécto circà annum a Christo nato quingentésimum. Præstans ingénium ac præcláram índolem optimárum ártium stúdiis a puerítia excóluit, brevíque in Philosóphia litterisque græcis ac latínis suprà modum profécit. Discéssum a século, quem ab ineúnte ætáte in ánimo habébat (ut totum se Deo addiceret), aliquándiù retardávit Pater, natum ægrè addúcens, ut régiam Childebérti aulam frequentáret. Tanta tunc virtútis, ingénii ac doctrínæ laude flóruit ut sine cujúsquam invídia, magna fúerit in grátia apud Príncipem, summa in existimatióne apud omnes. At idéntidem cógitans amicítiam hujus mundi inimícam esse Deo, ínscio patre, (a quo discedéndi cópiam sæpiùs denegátam impetratúrum se desperábat) aula tácitus abscéssit, seque in desértam Iberiáci vici propè Parísios vallem cóntulit. Conspicátus ibi ad rádicem montis propè cistérnam specum, fórnicis instar, ipsa natúra artífice, curvátam illam súbiit. Ibi passim óbviis herbárum radícibus víctitans, seque asperióribus institútis exércens frequéntibus, noctu diúque votis a Deo expetébat, ut suam circa diligéndum vitæ genus voluntátem manifestáret. Tu autem Dómine, miserére nostri. ℟. Deo gratias.

℟. *du* 7. Unam petii a Domino, hanc requiram, ut inhabitem in domo Domini omnibus diebus vitæ meæ. † Ut videam voluptatem Domini, et visitem templum ejus.

℣. Abscondit me in tabernaculo suo in die malorum, protexit me in abscondito tabernaculi sui. † Ut, etc.

Leçon V.

Fílii discéssu gráviter afféctus pater circumquáque illum perquírit, Parísios idcircò venit, ipsámque Iberiáci spelúncam, qua Frambáldus latébat, lustratúrus accéssit. At excurrénte divínitùs extrà ripam cistérnæ aqua intrógredi prohíbitus abscéssit, ratus aut aquárum vi Fílium loco cédere compúlsum, aut falso se rumóre delúsum. Mox recéptis intra álveum aquis, Frambáldus suum consílium Deo probáti intélligens Micíacum propè Aurélias perréxit, ubi Beátus Maximínus summa cum laude ac sanctitátis opinióne monastérium a se extrúctum regébat. Hac in schola pietátis, charitáte, modéstia, temperántia cæteris tantùm antecélluit, ut Sancti Abbátis judício ac jussu ad sacerdótium provéctus sit. Matrónæ cuídam stérili prolem, adolescénti malígna febri vexáto sanitátem, seni paralytico membrórum usum ac vigórem, obséssis a dæmone liberatiónem, suis précibus impetrávit. Cùm autem virtútem ejus ac miraculórum fama látitiùs in dies disseminarétur, atque ad ipsum è civitáte Aurelianórum viciníṣque circùm regiónibus complúres quotídiè ventitárent, plausus hóminum et inánem glóriam perósus Cenomános pétiit, seque in obscúro Jabronénsis, némoris antro ábdidit, ubi vigíliis, oratiónibus, ac jejúniis ásperam vitam plures annos egit. Tu autem Dómine, miserére nostri. ℟. Deo gratias.

℟. 8. Quid est quod me quærebatis? Nesciebatis. † Quia in his quæ Patris mei sunt oportet me esse?

℣. Donec deficiam, non recedam ab innocentia mea; et justificationem meam quam cæpi tenere non deseram. † Quia.

Leçon VI.

Laténtem Frambáldum viri quidam religiósi divíno instínctu permóti repériunt, seque illi instituéndos commíttunt. Quaprópter a Sancto Innocéntio Cenomanénsi Antístite facultátem pétiit céllulas sibi ac frátribus in Jabronénsi némore extruéndi. Cognita Præsul áspera illíus vivéndi ratióne ac singulári virtúte ac prudéntia ; non solùm petitióni lubens ánnuit, sed et supelléctilem monastério necessáriam suppeditávit. Quin et illum in partem non mínimam pastorális sollicitúdinis advocávit, hujus ope ac consílio sæpè usus ad instaurándam tam clericálem tam monásticam disciplínam. Ea de causa adésse eum secum vóluit concílio Aurelianénsi quarto. Multis et ingéntibus miráculis præfúlsit : Cæsis visum, claudis gressum, quovis morbo afféctis sospitátem, mórtuis dénique vitam restítuit. Ad sedándas tempestátes, ad pestem restinguéndam, máxime vero ad dolóres cápitis mitigándos ejus intercessiónem valére frequens háctenus experiéntia comprobávit. Plenus diérum omníque virtútum génere cumulátus óbiit décimo séptimo caléndas Septémbris, sepultúsque est in suo Jabronénsi monastério. Tu autem Dómine, miserére nostri. ℟. Deo gratias.

℟. *du* 1. D. Si videris sensatum vigila ad eum, † Et gradus ostiorum illius exterat pes tuus.

℣. Cum viro Sancto assiduus esto, quemcumque cognoveris observantem timorem Dei. † Et. Gloria, etc. † Et.

AU IIIe NOCTURNE

Ant. du 3. Protexisti me a conventu malignantium, a multitudine operantium iniquitatem.

Ant. A. S. Justus ut palma florebit, sicut cedrus Libani multiplicabitur.

Ant. 6. F. Custodit Dominus animas Sanctorum tuorum, de manu peccatoris liberabit eos.

℣. Docebo iniquos vias tuas. ℟. Et impii ad te convertentur. *Pater*, etc.

Leçon VII.

Léctio Sancti Evangélii secùndùm Lucam.

In illo témpore dixit Jesus turbis : Si quis venit ad me, et non odit patrem suum et matrem, et uxórem, et fílios, et fratres, et soróres, adhuc autem ánimam suam, non potest meus esse discípulus. Et réliqua.

Homília Sancti Gregórii Papæ.

Percontári libet quómodo paréntes et carnáliter propínquos præcípimur odísse qui jubémur et inimícos dilígere. Et certè véritas de uxóre dixit : Quod Deus conjúnxit, homo non séparet. Et Paulus ait : Víri, dilígite uxóres vestras sicut et Christus Ecclésiam. Ecce discípulus uxórem diligéndam prædicat, cùm magíster dicat : Qui uxórem non odit, non potest meus esse discípulus. Numquid aliud judex núnciat, aliud præco clamat ? An simul odísse póssumus et dilígere ? Sed si vim præcépti perpéndimus, utrúmque ágere per discretiónem valémus. Ut eos qui nobis carnis cognatióne conjúncti et quos próximos nóvimus, diligámus, et quos adversários in via Dei pátimur odiéndo et fugiéndo nesciámus, quasi enim per ódium dilígitur qui carnáliter sápiens, dum prava nobis íngerit non audítur. Tu autem Dómine, miserére nostri. ℟. Deo gratias.

℟. *du* 7. Egressus ibat in desertum locum, et turbæ

requirebant eum, et venerunt usque ad ipsum. † Et detinebant illum ne discederet ab eis.

℣. Omnes testimonium illi dabant, et mirabantur in verbis gratiæ quæ procedebant de ore ejus. † Et.

Leçon VIII.

Ut autem Dóminus demonstráret hoc ergà próximos ódium non de affectióne procédere, sed de charitáte, áddidit prótinus dicens : Adhuc autem, et ánimam suam odísse, ítaque præcípimur próximos odísse et ánimam nostram. Constat ergo quia amándo debet odísse próximum, qui sic eum odit sicut semetípsum. Tunc étenim benè ánimam nostram ódimus, cùm ejus carnálibus desidériis non acquiéscimus, cùm ejus appetítum frángimus, ejus voluptátibus reluctámur. Quæ ergo contémpta ad mélius dúcitur, quasi per ódium amátur. Sic, sic nimírùm exhibére próximis nostris ódii discretiónem debémus, ut in eis et diligámus quod sunt, et habeámus ódio quod in Dei nobis itínere obsístunt. Tu autem Dómine, miserére nostri. ℟. Deo gratias.

℟. *du* 2. A. Ipse est directus in pœnitentiam gentis. † Et tulit abominationes impietatis.

℣. Gubernavit ad Dominum cor ipsius et in diebus peccatorum corroboravit pietatem. † Et.

Leçon IX.

Ab hac ergo discretióne ódii nostri trahámus formam ad ódium próximi. Amétur quílibet in hoc mundo étiam adversárius, sed in via Dei contrárium non amátur, etiam propínquus. Quisquis enim jam ætérna concupíscit, íneat quam aggréditur. Causa Dei extrà patrem, extrà matrem, extrà uxórem, extrà filios, extrà cognátos, extrà semetípsum fieri debet, ut eos vérius agnóscat Deum, quo in ejus causa néminem recognóscit. Tu autem Dómine, miserére nostri. ℟. Deo gratias.

℟. *du* 5. Perambulabat magis sermo de illo, et conveniebant turbæ multæ, ut audirent et curarentur. † Ab infirmitatibus suis.

℣. Omnes qui habebant infirmos ducebant illos ad eum; at ille singulis manus imponens curabat eos. † Ab. Gloria, etc.

Ab. *On répète le* ℟. Perambulabat *jusqu'au* ℣.

Te Deum laudamus, etc.

℣. *Sacerd.* Beatus Dives qui inventus est sine macula.

℟. Et qui post aurum non abiit.

Le reste de l'Office comme au Temps Pascal.

Nota. — L'Office de saint Frambour a été copié servilement sur le texte antique. J'ai voulu respecter même les incorrections.

REIMRINGER.

Notes sur les œuvres paroissiales d'Ivry

AVANT LA RÉVOLUTION

DANS le but de glaner quelque fait intéressant l'histoire de Frambour, les recherches que j'ai exercées, à travers le champ bien limité des archives municipales et paroissiales, m'ont remis en présence de la vie de cette paroisse au XVIIIe siècle. Il se dégage de ces bien minimes investigations l'impression d'une vie paroissiale autrement intense que celle d'aujourd'hui. Alors la paroisse était un bloc, un ensemble d'œuvres se compénétrant, soudées les unes aux autres par une connexion intime et fort étroite, filet au fin réseau la couvrant toute pour retenir

LUCIEN COLLAS

Décédé le 28 mars 1888, à l'âge de 52 ans.
Curé d'Ivry de 1885 à 1888.

Prêtre d'une foi ardente, il prit la direction de la paroisse au moment d'effervescence qui s'appellera dans l'histoire « l'ère des laïcisations. » Il créa les écoles libres des Sœurs de Saint-André à Ivry-Port et des Frères des Ecoles chrétiennes. Sa charité envers les pauvres lui avait fait instituer l'œuvre de la Sainte Famille avec réunion mensuelle des femmes chrétiennes dans l'église. Il mourut à la peine. Il tomba ici-bas pour se relever au Ciel, laissant à d'autres la joie des futures moissons. C'est un des meilleurs artisans de Dieu, à Ivry, dans la succession des Curés, et son nom est encore sur les lèvres de tous les paroissiens reconnaissants.

les hésitants et empêcher les incursions de l'ennemi.

Avant la Révolution, Ivry était un pays de laboureurs et de vignerons (1). La population d'Ivry était de moins de neuf cents habitants au commencement du XVIIIe siècle.

Il y avait à Ivry, à cette époque, huit confréries régulièrement établies :

1° La confrérie de saint Frambour ;
2° » » saint Vincent ;
3° » » saint Fiacre ;
4° » des saints Pierre et Paul ;
5° » » Morts ;
6° » de la sainte Vierge ;
7° » du Saint Sacrement ;
8° » » saint Rosaire.

1. — Saint Frambour.

Les registres de la confrérie de saint Frambour ont malheureusement disparu. La confrérie avait été instituée pour les deux sexes, en 1670, par l'Archevêque

(1) Les vignerons se servaient d'ânes, comme dans tous les pays vignobles ; et c'est à la présence de ces utiles animaux que le pays dut d'être souvent désigné par les Parisiens caustiques sous le nom « d'Ivry-les-ânes ! »

de Paris. Clément IX lui avait accordé plusieurs indulgences plénières que les confrères recevaient aux deux jours de la fête de saint Frambour : 1° à la fête de Mai qui était celle du pays; 2° à la fête du 16 août, mort du Saint. La garde de la chapelle était confiée à des marguilliers choisis parmi les confrères. Un des derniers dignitaires de la confrérie fut M. Bourdilliat, dont le baron de Vielcastel, sous-préfet de Sceaux, invoqua le témoignage sous la Restauration pour trancher le litige pendant entre l'Etat, la commune et l'église au sujet de la propriété de la chapelle Saint-Frambour.

La confrérie n'a pas été rétablie après la Révolution.

2. — Saint Vincent.

Cette confrérie fut rétablie par l'abbé Roques vers 1808. Le registre de la confrérie le plus ancien remonte à 1811 et débute par le compte que Jean-Pierre Le Roy, administrateur, rend depuis le 22 janvier 1811 en présence du curé et des dignitaires. Nous y relevons les noms de 70 confrères et de 18 bienfaiteurs. La confrérie entretenait la chapelle Saint-Vincent qui était sous le clocher, à gauche du chœur, avant la chapelle actuelle du Sacré-Cœur qui n'existait pas alors (1). Elle avait son autel, les vases sacrés nécessaires pour ses offices.

En 1793, un décret de la Convention ordonna que tous les objets métalliques des ci-devant églises fussent enlevés et remis à l'Etat pour la défense de la patrie. En exécution de ce décret, promulgué à Ivry par le procureur de Versailles dont Ivry dépendit alors, les objets de l'église d'Ivry, parmi lesquels une statue de saint Vincent en argent, six chandeliers et un crucifix d'argent, un guidon, des chasubles, des plateaux d'argent appartenant à la confrérie de saint Vincent, furent transportés au district de Bourg-l'Egalité (Bourg-la-Reine). Une statue de bois de saint Vincent est tout ce qui le rappelle encore au souvenir des fidèles. La statue était à l'autel du Saint.

La fête de saint Vincent était célébrée avec une grande solennité et le pain bénit distribué à tous les confrères. La brioche était bonne puisque le pâtissier *Quoniam* mérite en 1831 de figurer

(1) Cette chapelle a été ornée grâce aux dons des fidèles de la Confrérie du Sacré-Cœur, dont M. l'abbé Eguerre, curé de Saint-Eloi, alors *1er vicaire d'Ivry*, était le Directeur.

dans le compte rendu d'un malin secrétaire avec l'épithète *bonus*. Un service était célébré pour chaque confrère à son décès. Les recettes de la confrérie qui vont annuellement à près de 300 fr. provenaient des cotisations des confrères et des dons des bienfaiteurs, parmi lesquels la duchesse d'Orléans jusqu'à sa mort en 1822, d'Aubusson, Archambault, Barbié du Bocage, de la Motte, de Caux, de Bettencourt, Esquirol, fondateur de la maison de santé. Ivry retenait alors dans de charmants pavillons de plaisance une foule de grandes familles. C'était un séjour d'été des plus recherchés comme toute la région sud-est de Paris autrefois. Chaque membre versait une cotisation annuelle de 75 centimes. En 1843, il y avait 102 confrères. La Société était encore, on le voit, des plus prospères et son budget n'était jamais en déficit, ô merveille des budgets ! Pas de douzièmes provisoires dans la confrérie ! Parmi les noms des sociétaires, nous retrouvons les noms des antiques possesseurs du sol ivryen, des *autochtones*. Les Bourdilliat, Cochet, Noblet, Le Roy, Rousseau, Perdrier, Honfroy, Deslogis, Musard, Pillet etc... y sont largement représentés.

Saint Vincent étant le patron des vignerons, il est bon de dire qu'il y avait des vignes à Ivry, car on ne s'en douterait plus aujourd'hui. Les coteaux d'Ivry en étaient recouverts. Il y en avait au plateau de Villejuif, au hameau des Deux Moulins. Le « sentier des Vignes », ruelle étroite et inesthétique qui longe la colline en contre-bas de la rue de Paris et qui a pour prolongement le « passage des Bossettes », est tout ce qui rappelle aujourd'hui le souvenir des pampres verts d'antan.

Le territoire de la commune était assez varié ; les plaines étaient fertiles en grains et les coteaux, plantés en vignes, produisaient des vins médiocres, mais qui n'en étaient pas moins une source de revenu considérable pour les habitants.

3. — Saint Fiacre.

Saint Fiacre est, je l'ai dit, plus jeune que saint Frambour d'une dizaine d'années. Il était fils d'Eugène IV, roi d'Ecosse. Il passa en France, vécut près de Meaux et y mourut en 670. Il est le patron des jardiniers.

La confrérie de saint Fiacre fut très prospère à Ivry avant la Révolution. Tous les jardiniers des splendides propriétés qui couvraient le pays en faisaient partie. Supprimée, elle a été rétablie par l'abbé Roques et la fête de saint Fiacre fut solennisée le 30 août 1804. La statue du Saint fut transférée à Bourg-la-Reine avec les objets appartenant à cette confrérie. Les confrères faisaient célébrer un service au décès de chacun d'entre eux et y assistaient avec leurs insignes. Ils prenaient part, avec leur guidon et le bâton de saint Fiacre, à toutes les manifestations religieuses de la paroisse.

La fête profane réunissait tous les confrères dans de fraternelles agapes. Ces réunions avaient lieu au hameau Saint-Frambour dans un local où se réunissaient autrefois les pèlerins. La confrérie a subsisté jusqu'à il y a une quinzaine d'années (1). Bien des jardiniers et des maraîchers sont prêts à former des vœux pour la résurrection de l'antique corporation. Aux jardiniers, cultivateurs et maraîchers de s'entendre. Qu'on achète un guidon ; que l'on se groupe autour et que l'on vienne à la prochaine fête du Saint épousseter dans la vieille église la place inoccupée des vieux Ivryens ! L'union fait la force et Dieu fait le reste.

(1) L'abbé Collas a encore célébré la fête de la Confrérie en 1887.

4. — Saint Pierre et Saint Paul.

Un registre antique nous renseigne mieux sur cette confrérie qui, elle, a définitivement sombré dans la tourmente. Ce registre porte ces mots sur sa couverture : *Inventaire de la ci-devant fabrique d'Ivry-sur-Seine. Comptes de la confrérie de S. Pierre et de S. Paul de juillet 1753 à juillet 1792.* Ce document contient 35 feuillets.

On rendait les comptes de la confrérie le premier dimanche de Juillet.

1. Les recettes se montaient couramment à plus de cent livres et provenaient des cotisations et du fermage des terres léguées à la confrérie qui rapportait chaque année 79 livres 15 sols. Un sieur Jean Jolly fut longtemps fermier du bien de la confrérie.

2. Les dépenses consistaient en frais effectués pour les offices de la confrérie, pour l'entretien de la lampe pendant l'année, pour l'achat du cierge pascal... etc. Ces dépenses, qui reviennent dans tous les comptes, nous font voir que la confrérie était chargée du gros entretien du maître-autel. La lampe du sanctuaire exigeait

une dépense de près de 50 livres pour achat de l'huile nécessaire à son entretien annuel. Le curé convoquait les confrères des deux sexes au prône de la grand'messe et le son de la grosse cloche annonçait la réunion solennelle de Juillet. De 1753 à 1771, les marguilliers en charge rendent les comptes en présence des confrères et de Messire Rojou, curé de la paroisse. L'abbé Bance remplace en 1772 le curé mourant; et, de 1772 à 1792, les comptes sont rendus en présence de l'abbé Maillet, curé.

En 1790 et 1791, les comptes sont bâclés à la hâte ; les événements se précipitent. On sent déjà, à l'agitation, l'imminente catastrophe.

En 1792, Frambour Pillet, administrateur, rend son compte à M. Honfroy, maire, et aux officiers municipaux en présence des sieurs Curé, anciens marguilliers et marguilliers en charge. Déjà, le pauvre curé n'appose plus sa signature et, enfin, pour clore le registre, nous lisons ces lignes bien significatives, hélas !

Compte du citoyen François Pillet le jeune des deniers de la confrérie depuis le 1er dimanche de juillet jusqu'à ce jour. Le citoyen Pillet a remis cejourd'hui la somme de 13 livres 15 sols ès mains du citoyen maire et en est déchargé. A Ivry, le neuf ventôse, l'an second de la République une et indivisible.

Ont signé : François Pillet, Renoult, maire, Luisette, agent, et Deslogis.

Pauvre confrérie, voilà son acte de décès. A quand sa résurrection ?...

5. — La confrérie des Morts.

Cette confrérie subsista jusqu'à la Révolution. Elle était représentée à tous les enterrements par une délégation de ses membres. Les confrères et les sœurs de la confrérie s'engageaient à prier pour les défunts et à leur rendre les derniers honneurs. Ils avaient soin autrefois de l'entretien des tombes et du cimetière. La confrérie disparut à la Révolution. La croix du cimetière fut abattue en 1793 et restaurée par les soins du serrurier Deslogis le 28 octobre 1805. Elle a été abattue de nouveau en 1885 par les employés d'un serrurier du même nom.

Les objets appartenant aux confrères de la Mort et déposés à l'église furent saisis et envoyés au district, Bourg-l'Egalité. On avait enlevé par mégarde des tasses d'argent (1) qui furent rapportées comme appartenant aux pauvres de la commune et remises à celui des membres de la commune qui avait le titre « d'économe des pauvres », pendant la période de la Terreur.

La confrérie des Morts a été rétablie le 15 janvier 1846 à la prière de M. Hyacinthe-Casimir de Gonet, curé d'Ivry, en présence de MM. les marguilliers de la fabrique, de MM. les marguilliers en charge des diverses confréries. M. l'abbé de la Bouillerie, vicaire général et archidiacre de Saint-Denys, après une touchante allocution, a solennellement et canoniquement rétabli la confrérie qui existait autrefois dans cette paroisse, mais dont le titre d'érection et les statuts avaient été perdus dans les jours malheureux de la grande Révolution. Un service solennel célébré pour le repos des âmes des bienfaiteurs et des paroissiens décédés dans le courant de l'année précédente avait attiré un concours nombreux de fidèles. En mémoire de cette pieuse cérémonie, il a été

(1) Tasses servant pour les quêtes.

convenu que désormais, les dimanches, à la rentrée de la procession au chœur, on chanterait le *De profundis,* le verset et l'oraison.

Cette association, dont je transcris littéralement le titre de réélection, est agrégée, par son union à celle de Saint-Merry (à Paris), à l'Archiconfrérie de Notre-Dame des Suffrages de Rome par Grégoire XVI.

Le règlement de seize articles établit une messe pour les associés chaque premier lundi du mois avec prières pour les morts. Trois messes sont dites pour chaque associé décédé. On recommande au prône et on inscrit les défunts sur un tableau. Une chapelle est spécialement affectée aux exercices de la confrérie. L'office des morts est tout particulièrement célébré par une messe et un office du soir.

Le départ de M. de Gonet, qui passa à Ivry deux années à peine, semble avoir compromis l'existence de la confrérie à peine réédifiée. L'œuvre subsiste encore néanmoins et compte autant d'associés, mais pas plus, qu'en 1847. La cotisation annuelle était de 2 à 5 francs. L'abbé Boisseau avait établi de convoquer par lettres personnelles à la messe des morts du mois, le deuxième lundi, les familles en deuil. On chantait et on prêchait à cette messe.

Le culte des morts a toujours été au cœur des Français; souhaitons qu'il inspire aux Ivryens le désir d'être sensibles à l'appel que nous leur adressons ici pour les prier de venir assister aux réunions du premier lundi du mois (1).

Ces renseignements sont tirés du registre même de l'abbé de Gonet que j'ai retrouvé par hasard enfoui sous une pile de registres de baptême.

6. — Confrérie de la sainte Vierge.

Cette confrérie, très ancienne, disparut aussi à la Révolution; et les chandeliers, guidons, ornements, vases sacrés, statue de la Vierge en argent, de 18 pouces de haut, avec reliquaire dans le bas, et tous les objets appartenant à la confrérie chargée de la chapelle de la

(1) M. le Curé actuel tient à voir le plein développement de cette œuvre dont il a confié la direction à un de ses vicaires.

sainte Vierge, furent saisis et transférés au district pour être expédiés à Versailles.

Le registre que j'ai pu consulter fait remonter au 1er dimanche d'août 1810 le premier compte rendu par la trésorière, Isabelle Alanyou. Comme on y fait mention d'un reliquat de compte laissé par Madeleine Pillet, l'ancienne trésorière, il faut en conclure que, dès les premières années de son administration paroissiale, le vénérable restaurateur des Œuvres paroissiales, l'abbé Roques, avait rétabli la confrérie qui compte, dès 1810, quatre-vingt-dix sept filles et sœurs. La recette est de 360 fr. 45. La caisse annuelle était alimentée par les caisses mensuelles, la somme de 60 centimes versée par chaque membre, la somme de 1 franc versée par les nouvelles sœurs entrantes, la souscription des bienfaiteurs et le casuel des mariages et des enterrements.

Les dépenses en fournitures de cierges, achat de guidon au sieur Biais en 1811, réparations d'ornements, mémoires du serrurier Deslogis, du menuisier Honfroy, du cirier Trudon, du brodeur Delépine, du pâtissier Cambrune se montent en 1811 à 274 fr. 85.

Les jeunes filles de la confrérie organisaient, pour leur fête, une procession au 15 août dans les rues du pays. Les processions sortaient par la place de l'Eglise, la rue Neuve-Saint-Frambour, la rue du Four et Saint-Julien, passaient devant le château et revenaient à l'église par l'ancienne rue des Bouchers (rue Voltaire depuis 1788).

La confrérie allouait au sieur Rajot, tambour, une gratification annuelle pour les processions de la Fête-Dieu et du 15 août.

Le dernier compte du registre consulté est du 6 août 1837. Les recettes y sont de 464 fr. 80 et les dépenses de 316 fr. 90 laissent en caisse un bénéfice de 147 fr. 90.

La confrérie de la sainte Vierge subsiste encore. Elle continue et continuera à faire honneur à la jeunesse que les excellentes religieuses de la Croix, dites de Saint-André, forment avec tant de tact dans une paroisse difficile.

Souhaitons aussi voir les jeunes élèves des écoles laïques venir s'abriter avec empressement sous la protection de la bonne Vierge qui ne fait acception de personne et ne distingue pas entre ses enfants à qui elle prodigue mêmes caresses et mêmes faveurs.

La liste des noms, par quartier, indique le chiffre de 37 personnes de la confrérie pour le voisinage immédiat de l'église, de 31 sœurs habitant la rue du Liégat, de 12 habitant la rue de Seine, de 13 habitant la rue des Champs blancs (Rue Raspail), de 22 habitant la rue Neuve-Saint-Frambour, de 23 habitant la rue du Four et de

Saint-Julien (rue Jeanne Hachette et partie extrême de la rue du Parc), de 7 habitant la rue de la Gorne (rue Bernard Palissy), de 26 habitant la route d'Ivry, le quartier de la Gare et le Petit-Ivry.

Il y avait donc 171 personnes, dont quelques femmes mariées, dans la confrérie de la sainte Vierge en 1836. Quelle prospérité si l'on songe qu'Ivry ne compte que 2.900 habitants au recensement de 1837 ! (Il y avait à la *Gare* Ivry-Port) une verrerie de 350 ouvriers. En défalquant du chiffre de la population d'Ivry le nombre des hospitalisés des Incurables et des soldats, il nous reste a peu près une population civile de 24.000 âmes. Si la confrérie des enfants de Marie avait conservé, non accru, son chiffre de 1836, elle aurait aujourd'hui 1.368 membres.

Ces chiffres nous montrent combien est rapide le travail de déchristianisation de notre pauvre pays (1). Et, cependant, il ne s'agit ici que d'une œuvre de femmes. Il ne faut pas nous décourager sans doute, mais il ne faut pas chanter victoire non plus avant d'avoir vaincu, que dis-je ! avant d'avoir lutté avec succès.

(1) Outre les excellents patronages de jeunes filles annexés aux écoles des Sœurs de Saint-André, il faut se réjouir de voir la création du Patronage Notre-Dame de l'Annonciation pour les jeunes filles laïques. Fondé par l'abbé Jeanjean dans un terrain dépendant de l'école des Frères, ce patronage est dirigé par des dames dévouées et méritantes.

7. — Confrérie du Saint Sacrement.

Le registre, inventorié à la Révolution, porte 188 feuillets et débute par le compte que rend l'administrateur-comptable Antoine Jubert à Messire Etienne de la Porte, Docteur en Théologie de la Faculté de Paris, curé de la paroisse, Claude Plisson, Louis de Lorme, marguilliers en charge, aux anciens marguilliers et à tous les confrères des recettes et dépenses effectuées pendant l'année 1735. La recette est de 342 livres 3 sols. La dépense monte à 279 livres 4 sols 6 deniers. Le chapitre des bienfaiteurs porte en tête de liste la souscription de M. Bosc, procureur général de la cour des aides, celle des Sœurs de la Charité, du Bailli et de trente-cinq autres notables.

La cotisation annuelle des confrères est de

1 livre 15 sols. Il y a 114 confrères du Saint Sacrement en 1735. Nous comptons en plus 14 anciens administrateurs dont le plus ancien, Louis Cottard, administra la confrérie en 1716. Il y a en plus 15 marguilliers anciens et nouveaux, Plisson, de Lorme, Jubert, Gallet, Le Roy, Cochet, Collet, Noblet, Bourdilliat, Landry, Honfroy, Barillet, Galle, etc. La confrérie comptait donc, en 1735, 143 membres dont 41 femmes et 38 bienfaiteurs.

Ces chiffres disent son importance dans une commune qui n'avait alors que 200 feux, c'est-à-dire de six à huit cents habitants. Il n'y a que 41 femmes dans cette confrérie contre 102 hommes. Messieurs les Ivryens d'aujourd'hui, méditez l'éloquence de ces chiffres, hélas ! peu à l'avantage de notre époque !...

En 1759, aux bienfaiteurs accoutumés, nous voyons s'adjoindre les noms de l'abbé Le Moine, de Monsieur le Premier (on nommait ainsi le premier président qui avait une résidence d'été à Ivry), de la princesse de Croy, du président Augié, de M. d'Haucourt, du premier procureur fiscal... etc. Il y avait alors, à la paroisse, deux vicaires, et des chapelains qui desservaient sans doute les chapelles particulières des châteaux.

Les dépenses de la confrérie, de 300 livres à peu près chaque année, consistent en honoraires des offices et services, frais occasionnés par l'achat des images de la confrérie qui portaient chaque année les noms imprimés des dignitaires en fonction. Les notes du cirier, du pâtissier faisaient aussi une large brèche dans les recettes.

La confrérie allouait aussi de temps à autre quelque allocation à la confrérie de saint Frambour qui avait à sa charge l'onéreux entretien de la chapelle.

Cela se faisait d'après les procédés d'une charitable et fraternelle simplicité sous le vénérable M. Rojou. La mort de ce bon curé, dont la présence dans la paroisse est signalée pendant vingt-deux ans par les registres existant encore, semble être le point de départ de malentendus dont les différents registres portent la trace. Tous les pasteurs n'ont pas les mêmes allures. L'abbé Maillet (nom typique) convoque les différentes confréries « *légitimement, au prône de la messe paroissiale et au son de la grosse cloche.* » Il serre les comptes de plus près, rappelle les articles oubliés des vieux règlements et, dès 1773, année qui suit le décès de Messire Rojou, il fait porter ces trois articles :

1° Qu'à l'avenir la confrérie du Saint Sacrement ne verserait plus à la confrérie de saint Frambour que 4 livres par année au lieu de 4 livres 10 sols ;

2° Qu'on rayerait du nombre des confrères et

qu'on priverait des avantages de la confrérie quiconque ne se conformerait pas aux trois articles arrêtés en assemblée ;

3° Que dans le cas où les statuts obligeraient la confrérie à se charger des funérailles d'un confrère récalcitrant, l'administrateur en charge s'acquitterait de ce devoir selon le règlement du *plus petit convoi en usage à Ivry ;*

4° Qu'un administrateur quittant ses fonctions ne pourrait plus passer dans une autre confrérie.

Ceci me fait penser à la plaisante anecdote d'un curé présentant à son évêque les bureaux de ses multiples confréries. La première confrérie avait Jacques pour président, Jules pour secrétaire, Pierre pour trésorier. La seconde avait Jules pour président, Jacques pour trésorier et Pierre pour secrétaire, etc. Le personnel changeait de rang ; et l'Evêque, souriant, les vit, toujours les mêmes et intervertissant l'ordre de préséance, défiler majestueusement plusieurs fois devant lui, présentés par le zélé pasteur.

L'abbé Maillet ne voulut point que pareil fait pût se passer à Ivry. Ecoutons le son des trois fameux articles, sec comme un coup de... marteau.

1° Rappel à l'observation des règlements donnés le 10 avril 1683 par Mgr l'Archevêque de Paris et notifiés aux confrères par le curé Guienne et le seigneur Bosc en 1687, 1688 et 1692.

2° On remarque que, depuis la nomination de Denis-Louis Noblet à la charge d'administrateur, la confrérie n'a plus de contestation avec la Fabrique. La confrérie décide, pour conserver la paix, de laisser les procès en cours se dérouler sans y intervenir.

3° Qu'on s'en tienne aux usages préétablis ; et que les marguilliers estiment à sa juste valeur l'honneur, qu'ils partagent avec les marguilliers de toutes les paroisses voisines, de porter le dais aux processions du Saint Sacrement.

La confrérie ne porte plus, depuis, trace de luttes intestines. Elle devient plus prospère que jamais et de nouveaux noms viennent allonger la liste des bienfaiteurs, comme ceux du marquis de Beringhen, héritier du seigneur Bosc, de Leyde, de Buclair, de Nesle, de la Drouse, de Nerville, de Graville, de La Motte, du duc de Cadrousse, etc. Le compte de 1776 signale, pour la première fois, le nom des célèbres « Miramionnes » qui avaient fondé à Ivry une maison d'éducation pour les jeunes personnes du grand monde d'alors. Le marquis de Nesle était seigneur en 1778. Les Cook, les de Vassé, la baronne d'Isenbach, les La Rubardière... etc., firent des dons importants à la confrérie dont le revenu, à son apogée financière, monte, en 1778, à 687 livres 6 sols.

François Picard fonde alors un salut à perpétuité, le jour de la Pentecôte après Vêpres, avec procession autour de l'église.

Le but de la confrérie nous apparaît là : honorer Notre-Seigneur Jésus-Christ dans le Sacrement de l'Eucharistie.

A partir de 1780, les souscriptions faiblissent et les grands noms de l'armorial français disparaissent peu à peu ; notons encore la souscription du Séminaire des Irlandais qui semblait posséder un établissement sur le territoire de la commune.

La confrérie du Saint Sacrement avait toujours sa réunion à la fête de la Trinité. La fête de la confrérie était, cela va de soi, la « grande et la petite Fête-Dieu », c'est-à-dire l'octave. Les processions parcouraient tout le village jusqu'à la place Saint-Frambour et jusque dans le parc du château. On dressait çà et là de magnifiques reposoirs. Plus tard, en ce siècle, sous l'Empire, les processions se rendaient au Petit-Ivry et la garnison du fort y assistait (1).

Le dernier compte est de la Trinité 1792. Le maire Honfroy le signe pour la première fois ; l'administrateur Jean-Louis Noblet et le curé Maillet pour la dernière fois. Les recettes sont encore de 457 livres 16 sols.

(1) Les maisons étaient ornées de draps blancs piqués de fleurs.

Le 188e feuillet du registre est couvert de la griffe de la Révolution qui en écorche le vélin pour le faire résonner comme d'un bruit de blasphème. Voici ce visa :

« *Confrérie du ci-devant Saint-Sacrement.*

« Le trente nivôse, deuxième de la République une et indivisible, le citoyen Jean-Baptiste Bourdilliat a remis la somme de 232 livres 7 sous 6 deniers provenant du reliquat de son compte ainsi que les deux registres de la *ci-devant confrérie.*

« Signé : Renoult, *maire* ; — Luisette, *agent national.* »

La ci-devant confrérie existe encore. Les hommes passent et Dieu demeure.

Elle a été rétablie par l'abbé Roques. L'abbé Pruvost, mort doyen de Villejuif, lui donna une nouvelle impulsion. Elle était dirigée en 1847 par Jean-François Gallet, marguillier, dont la famille m'a encore montré les cachets de la confrérie conservés précieusement.

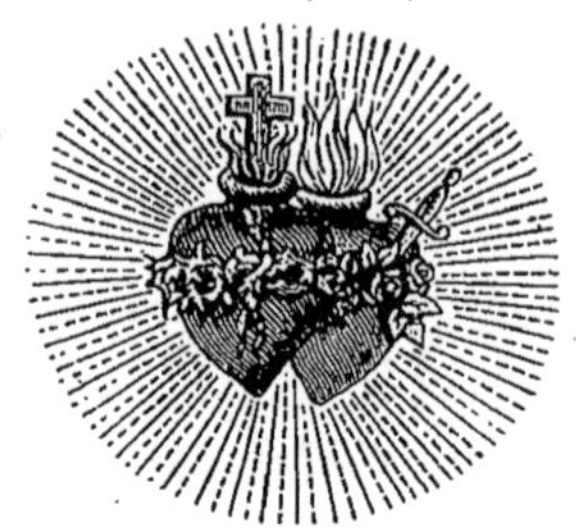

8. — Confrérie du Rosaire.

Instituée pour honorer Marie par la pratique d'une dévotion que notre Souverain Pontife Léon XIII a depuis singulièrement développée, la confrérie du Rosaire aurait sombré dans les vagues du passé « corps et biens » si un marbre placé dans la chapelle de la sainte Vierge ne la rappelait à notre souvenir. Voici l'inscription :

« Par contrat passé par devant M. Jean Barré « le 27 décembre 1676, il appert que Messire « Philippe de Loynes, Chevalier, Seigneur d'Ivry « et de Paras, Conseiller du Roi en ses conseils « et Président à mortier du Parlement de Metz, « a fondé à perpétuité la Confrérie du Rosaire

« *en cette chapelle, qu'il a fait bâtir en 1647 sous* « *l'invocation de la Ste Vierge aux conditions* « *portées par ledit contrat qui sont qu'aux 4 fêtes* « *de la Ste Vierge des 25 Mars, 15 Août, 8 Sep-* « *tembre et 3 Décembre et les 12 premiers* « *Dimanches des mois et le jour de la St Jean* « *27 Décembre de chaque année, l'on dira dans* « *ladite chapelle une grand'messe haute et un* « *salut après les Vêpres des dits 17 jours, à la* « *fin duquel on dira un* Libera *et un* De Profundis « *pour le repos des âmes de ses père et mère, ce* « *qui a été accepté par Messire Jean Jollain,* « *Docteur de la Maison et société de Sorbonne, et* « *curé du dit Ivry, et deux saluts le dimanche et* « *l'Octave du St Sacrement.* »

*
* *

Toutes les confréries dont j'ai parlé avaient dans l'église un banc réservé à leurs marguilliers.

Puissent toutes ces œuvres, un jour relevées et rajeunies, grouper à Ivry tous les chrétiens agissants et énergiques ! Les temps présents sont orageux et l'avenir est obscur, mais le manifeste devoir des catholiques est de se serrer vaillamment autour de l'Eglise menacée. Assez de gémissements stériles, passons à l'action !

Les œuvres sont comme les canaux, comme les conduits ramifiés dans toutes les directions, qui, puisant les eaux pures dans les profonds réservoirs, les déversent aux fontaines et les conduisent dans nos demeures.

Une paroisse sans œuvres, sans associations, est vouée à un mortel dépérissement. Dans ce siècle amolli on ne trouve plus en soi l'énergie nécessaire pour aller au loin chercher la fontaine de vie ; il nous faut amener ses eaux aux malades à la hauteur de la main et jusqu'aux lèvres.

Groupons les Alsaciens-Lorrains, les jardiniers, les maraîchers, les forgerons, les employés, les artisans. Dieu bénit les grandes familles et la paroisse doit être une grande famille. Elle l'était au XVIIIe siècle encore. Pour favoriser l'établissement de ces œuvres, j'indique à la fin du volume les différentes fêtes patronales des corps de métiers.

NOTES SUR IVRY

ORSQUE l'on quitte Paris par la gare d'Orléans, au Sud-Est de la capitale, on aperçoit à gauche le viaduc du pont National qui traverse la Seine. Le chemin de fer d'Orléans passe sous la ligne de Ceinture, franchit les fortifications et coupe en deux le territoire de l'industriel *Ivry* auquel il brûle la politesse pour aller s'arrêter à Vitry-sur-Seine, sa première station.

Ivry, ainsi dédaigné, n'est cependant pas un village, nous le verrons. Son immense territoire allait autrefois dans Paris jusqu'au Jardin des Plantes, remontait vers le quartier des Deux-Moulins, écart d'Ivry, où il y eut des moulins d'indigo avant la suppression de l'ancienne carrière, et des moulins à vent au XVIIIe siècle. Le territoire montait le long de l'ancienne barrière d'Italie, opérait sa jonction avec le

HENRI-JOSEPH BOISSEAU

Décédé à la Varenne Saint-Hilaire le 30 novembre 1895, à l'âge de 55 ans.
Curé d'Ivry-sur-Seine de mai 1888 à mai 1895.

Prêtre prudent, discret, doux et ferme, il passa sept années à Ivry sans qu'on ait dit de lui que du bien. Il sut achever, assurer et entretenir les œuvres créées par son prédécesseur. Il fonda les conférences spéciales des hommes ; organisa l'œuvre des Pauvres malades, au Petit-Ivry principalement ; fit, au confessionnal, le plus de bien possible, mais toujours sans bruit et avec calme. Il ne quitta sa paroisse, où son souvenir vivra longtemps, que pour aller mourir.

territoire d'Arcueil, de Gentilly, de Villejuif, de Vitry-sur-Seine et de Maisons-Alfort.

Le Marquis de Beringhen, seigneur d'Ivry, possédait une glacière, dépendance de son château. Cette glacière n'aurait-elle point donné son nom au quartier de Paris qui porte ce nom et faisait autrefois partie de la terre d'Ivry?

L'ancien Ivry ne se composait que d'un village étagé à mi-côte et autour de l'église. Ce village avait un écart, le hameau Saint-Frambour où se trouvaient un château, une chapelle, quelques maisons de vignerons et une ferme importante appartenant au Chapitre de Notre-Dame jusqu'à la vente des biens nationaux, à la famille de Montebello ensuite et, depuis, à une famille du pays, la famille Pillet.

Ivry-Port n'existait pas. Au XVIIIe siècle, la famille Picard y installe un chantier de bois sur les berges de la Seine. Une verrerie, bientôt très importante, apparaît vers 1780 ; c'est l'origine d'Ivry-Port.

Le Petit-Ivry n'avait sur son vaste emplacement, jusqu'au milieu de ce siècle, que quelques maisons çà et là, et, vers 1830, quelques maisonnettes couvertes en chaume, où logeaient des carriers et des marchands de vin, dans la zone de l'ancienne enceinte.

Ivry-Port.

Ce vaste faubourg d'Ivry a une population de 8.130 habitants dont 272 étrangers (1). De vastes chantiers de bois bordent le quai, dissimulant les plaines et les hauteurs en amphithéâtre où s'étale l'ancien noyau du pays. Parallèle à la Seine, la rue Nationale, ancienne route Impériale de Paris à Bâle, forme avec le quai d'Ivry un angle aigu et va aboutir au rond-point du boulevard Carnot, anciennement d'Alfort, et de la route de Vitry. La rue Nationale, de construction moderne, large et très laborieuse, offrait, après la guerre, une grande animation, et l'ouvrier qui l'habitait, grâce à un travail abondant et bien payé, ne manquait ni de bien-être ni d'indépendance.

Beaucoup d'ouvriers doivent aujourd'hui aller fort loin souvent pour trouver un travail moins rémunérateur qu'autrefois. Un omnibus (Forges d'Ivry-Place-Saint-Michel) aujourd'hui supprimé et le service des bateaux Charenton-Point-du-jour

(1) Ces chiffres officiels nous ont été communiqués par le très aimable secrétaire général de la Mairie, M. Loyot, à qui nous offrons ici nos sincères remerciements.

fournissaient à la population la facilité de correspondre avec Paris.

Les hauts fourneaux et les ateliers des FORGES D'IVRY, organisés pour la refonte et la transformation des *riblons,* pièces de fer hors d'usage, occupaient à l'entrée de la rue, de chaque côté, de très vastes emplacements.

Les forges, la manufacture de produits caoutchoutés *Guibal et Cie*, la très importante fabrique de tuiles céramiques *Emile Muller,* l'usine d'électricité, la vaste maison de fabrication française de wagons et tramways, l'usine Lemoine, l'usine Poulenc et quantité d'autres usines emploient des centaines d'ouvriers fixés dans ce quartier ou à Alfortville.

Le vaste *Entrepôt* d'Ivry, divisé en plusieurs chantiers, sous l'active direction de M. Bruyer, ancien maire d'Ivry, et de M. Désouches, occupe une grande quantité de contre-maîtres et d'ouvriers. Les bois de chauffage, les charbons, les denrées alimentaires, les eaux minérales... etc., qui sortent de ces immenses docks sont répandus dans toute la Seine par des charrettes et des voitures bien connues.

L'usine Lemoine occupe près de 400 ouvriers. La manufacture française, dite des Galériennes (1)

(1) Nous ne connaissons point l'étymologie de ce nom bizarre mais populaire.

d'Ivry, en occupe autant; l'usine Muller près de 350 et l'Entrepôt plus de 150. Je ne parle pas d'autres usines tout aussi importantes. C'est ici qu'il faudrait un Harmel pour appliquer ses magnifiques conceptions de l'usine chrétienne (1).

Une très ancienne verrerie fonctionnant dès le XVIIIe siècle occupait, il y a une soixantaine d'années, plus de 340 ouvriers. On voyait encore à Ivry-Port, à l'époque de la Révolution, de vastes chantiers de bois appartenant à la famille Picard, famille très ancienne de la région qui a fourni durant une très longue période de ce siècle deux maires à Ivry.

Si l'industrie et le commerce de la France n'avaient pas subi l'effroyable contre-coup de la concurrence étrangère, Ivry serait aujourd'hui, aux portes de Paris, sur la Seine, à l'embouchure de la Marne et près de deux lignes de chemins de fer des plus importantes, une des villes les plus industrielles de l'Europe.

Malheureusement un grand nombre d'usines ont disparu ou végètent, et une simple promenade dans Ivry-Port fait voir à l'œil exercé du visiteur que la gêne y règne en maîtresse. L'aspect des rues n'indique pas un état des plus fortunés.

Les *forges*, si longtemps prospères sous la di-

(1) A Paris, malheureusement, les patrons se désintéressent complètement de leurs employés en dehors des usines.

rection de la famille Coutant, ont aujourd'hui disparu. Les vieux bâtiments sont éventrés et les immenses cheminées qui lançaient autrefois dans la nuit leurs volutes de fumée, rougies par la lueur d'immenses brasiers, se dressent encore, se profilant sur l'horizon comme de noirs fantômes qu'on ne verra bientôt plus.

Par contre, la *fabrique Emile Muller* est en pleine prospérité et les grès artistiques, figurines charmantes d'un goût si sûr, qui sortent depuis peu de cette maison si riche d'avenir, vont lui valoir en 1900 une universelle réputation.

Ivry-sur-Seine (Centre).

En tournant à droite, avant la rue de Seine, par l'ancienne rue des Fauconniers, la rue Coutant ou la rue Emile Muller, on débouche en rase campagne sur des plaines inégales dont le sol, formé de calcaire et de marne, est divisé en terres labourées, ensemencées de blé, et en cultures maraîchères. Au fond de cette plaine, Ivry s'élève graduellement jusqu'à la crête des collines.

A distance, l'aspect de cette agglomération

diverse de chaumières, d'usines, de jardins en terrasse, ici groupés, là isolés, sans ordre apparent, comme au hasard, donne l'idée d'une colonie naissante, mi-agricole et mi-industrielle.

Ivry est cependant un très ancien village, bâti à la fin du VIe siècle et connu, dès l'an 936, par une charte de *Louis d'Outremer* qui en fait mention. L'étymologie du mot Ivry (*Yvriacum*) offre un grand air de parenté avec celle de la ville voisine Vitry (*Vitriacum*). Il y aurait eu autrefois dans ces contrées des verreries importantes dont les ouvriers, groupés en colonies, auraient créé les villages des environs. On défricha les forêts qui couvrirent longtemps cette région et des exploitations agricoles se formèrent, donnant au pays l'allure sous laquelle il est arrivé jusqu'à ces derniers temps de transformation industrielle.

Ancienne paroisse de l'Ile-de-France et du diocèse de Paris, dépendant autrefois du département de Seine-et-Oise et, sous la Révolution, du district de Bourg-la-Reine (Bourg-l'Egalité), Ivry est aujourd'hui une commune, chef-lieu de canton de l'arrondissement de Sceaux et du département de la Seine.

La population était, au dernier recensement, de 24.919 habitants dont 2.691 hospitalisés et soldats et 789 étrangers. Elle a subi un mouvement ascensionnel très prononcé, dû en grande partie à l'accroissement considérable de la garnison du fort.

La population d'Ivry n'était, au XVIIIe siècle, que celle d'un village. Il y avait, en 1786, 200 feux à Ivry. En 1807, la population est de 1.400 âmes ; l'accroissement est dû à la verrerie d'Ivry-Port. En 1834, il n'y a encore que 2.900 ; en 1870, il y a à peu près 9.000 âmes. L'émigration amena après la guerre un nombre très considérable d'Alsaciens-Lorrains sur le territoire ce cette commune. Les industries dont se parent les tombeaux, sculpteurs, marbriers, fleuristes, etc., amenèrent à la route de Choisy, en face le cimetière parisien, un grand nombre d'habitants encore. Bref, en vingt-cinq ans, la population a doublé. Elle ne s'est malheureusement pas accrue sur place, mais grâce à l'apport des émigrés de la province. Les campagnes se dépeuplent. Entraînement déplorable, gros de conséquences funestes. Rien ne paraît, aux populations rurales, plus enviable que la vie, les plaisirs, les relations, les avantages de la ville. La culture de la terre est tombée dans un discrédit non moins immérité que profond. Les économistes sérieux signalent les causes multiples de ce danger. Toutes ne sont pas mauvaises, il faut le reconnaître et ne rien exagérer. Il est des nécessités qui obligent l'homme à déserter la campagne où sa condition sociale l'avait placé, nous en tombons d'accord. Que le fils de la pauvre Savoie, par exemple, que l'habitant des rudes montagnes d'Auvergne ou de l'âpre pays des Ruthènes aille chercher, au sein des centres industriels, le morceau de pain que lui refuse une terre avare ; que les derniers venus d'une famille féconde en rejetons, auxquels l'humble patrimoine ne saurait garantir l'existence, cherchent à gagner peineusement, dans la cité voisine, le salaire quotidien ; que les tenaces amants de la patrie mutilée quittent la glèbe natale, Alsace ou Lorraine, sur laquelle un odieux ennemi a mis momentanément sa botte de soudard, quoi de mieux, quoi de plus noble ?

De même les exigences de la vie civile, de l'état militaire, des entreprises commerciales fixent nécessairement en ville nombre de gens que l'héritage des ancêtres, peut-être même leur goût personnel, auraient attachés aux champs patrimoniaux.

Ces motifs légitiment assurément l'abandon des campagnes. Mais il en est d'autres, hélas ! moins avouables. Deux mots les résument : ambition et soif du bien-être. *Monter* et *jouir*, telle est la poussée violente qui fait affluer dans les villes les populations rurales. Le fils de la ferme aspire après l'usine ou le chantier. Il aimera mieux même « *tirer le cordon* » que la charrue dans l'enclos paternel. Adieu les humbles travaux des champs !

Pauvres enfants ! vous ne savez pas quelles déceptions vous attendent. Sous ce masque fleuri, se cache d'ordinaire la plus hideuse misère. Aux beaux rêves succéderont les cruels désenchantements. Sur vingt prodigues, dix-neuf en viennent à regretter amèrement la vie paisible, la pauvre maisonnette où l'on dormait mieux qu'à Paris, à l'hospitalité, sous les ponts ou..... sur les dalles de la Morgue, et le clocher du village.

Les *effets* de ce dépeuplement des campagnes atteignent aujourd'hui les proportions d'un fléau : fléau de la fortune publique et privée, fléau de la famille, fléau de la défense nationale, fléau de la moralité.

La seule source de la richesse nationale en France, c'est le sol. L'industrie transforme, le commerce échange ce que le sol produit, fournit en matières premières.

La terre d'Ivry appartint au moyen-âge à des seigneurs obscurs avant de tomber au XVIIe siècle entre les mains de Claude du Bosc ou du Bois, conseiller d'Etat, prévôt des marchands et procureur général de la Cour des aides. Il y fit bâtir un superbe château dont la vue s'étendait du côté de Paris. Une immense terrasse construite sur les bords mêmes de la Seine terminait le parc de ce côté.

Ce château, qui appartint en dernier lieu à la famille de Janzé, a été vendu à un entrepreneur qui a tiré parti des matériaux existants, morcelé le terrain et élevé çà et là des immeubles de rapport. Le château, construit par Claude du Bosc au XVIIe siècle, était une vaste résidence dont les chaînes de pierre et les remplis en briques faisaient un véritable spécimen des constructions Louis XIII.

Le parc, dont il subsiste encore quelques maigres fragments, couvrait l'immense étendue qui va de la rue de Paris à la Seine. Je crois être dans le vrai en avançant que la rue de Paris ne date que du XVIIe siècle et que l'ancien château des seigneurs d'Ivry, au moyen-âge et depuis, se trouvait à l'endroit de l'ancien château de la famille du Bocage, l'ancienne brasserie actuellement en ruines qui domine tous les environs et dont le parc descendait en pente douce jusqu'à la Seine. La route de Paris était, sur le plateau, la route de Fontainebleau sillonnée par les énormes diligences. Il y avait un important relais au coin de la route et de la rue Chèverue (aujourd'hui rue Michelet et rue Jean Picourt). Les voyageurs des diligences descendaient autrefois ces rues en pente pour venir visiter « la curieuse église d'Ivry dont la tour ogivale tranchait sur la verdure et dont la flèche élancée sollicitait l'attention. » Le parc du château aurait été ensuite divisé, la rue de Paris percée et un autre château construit par du Bosc au milieu

Château de Claude du Bosc.

du village, en façade sur l'ancienne rue des Bouchers, actuellement rue Voltaire.

Au XVIIIe siècle, le parc fut encore morcelé. L'Archevêque de Paris devint propriétaire de la ferme du château qui se trouvait enclavée dans le parc et fut ensuite achetée par le docteur aliéniste Esquirol. Les dames de « Miramion » achetèrent aussi un pavillon dépendant du château et y installèrent leur célèbre institution. Le parc de

Claude du Bosc descendait jusqu'à la Seine et une terrasse destinée à empêcher les dégâts des inondations y avait été construite.

La Seine a, parfois, des crues excessivement fortes et l'eau s'épandait facilement, autrefois, jusque dans le village. J'ai vu, dans la maison de M. Gallet, rue Voltaire, au coin précisément du tournant où se trouvait le château, une colonne de pierre dont le chapiteau porte cette curieuse inscription :

En 1649, le 13 janvier, la rivière de Seine au pied du pilier et la Gulde si.

Nous n'avons pu savoir ce que signifiait la fin de l'inscription. Il s'agit probablement de la cote qui marquait le point terminus de l'inondation.

Maison Bosc.

La maison Bosc ou Bois (du Bosc ou du Bois) est une très ancienne famille de Normandie dont j'ai pu retrouver la généalogie complète. Elle a donné, dans la personne de Nicolas du Bois dit du Bosc, un chancelier de France et un évêque de Bayeux, Le chancelier de France, Nicolas du Bois, était conseiller au parlement de Paris en 1372. Il fut chanoine de Rouen dont il était originaire, puis évêque de Bayeux en 1374. Il traita de la paix avec les Anglais en 1381. Il assista en 1392 à la translation du corps du roi saint Louis. Il fut nommé premier président de la Chambre des Comptes en 1397, mourut à Paris le 20 septembre 1408 et fut enseveli dans sa cathédrale de Bayeux. C'est le personnage le plus illustre de la famille; à ce titre, il méritait une mention particulière.

Claude du Bosc, seigneur de Coqueraumont, de Conches... et autres lieux, acheta la terre d'Ivry vers 1650. Une notice sur saint Frambour lui fut dédiée. Il s'occupa beaucoup du bien-être de la paroisse avec le curé Guienne, fit restaurer la chapelle et les galeries Saint-Frambour. Les règlements des diverses confréries furent arrêtés de concert avec lui avant de recevoir l'approbation de l'Archevêque de Paris. Il mourut en 1715. Ivry, sous ce seigneur, fut un pays des plus prospères et acquit cette réputation méritée de village de plaisance qui fit sa vogue sous Louis XV, Louis XVI et Napoléon.

Voici quelles étaient les armes de la maison du Bosc : « A une croix échiquetée d'argent et de sable, de quatre traits cantonnés de quatre lions d'or lampassés d'azur. »

Maison de Beringhen.

Le maréchal d'Uxelles hérita de la terre d'Ivry. Il ne la conserva que peu de temps. Le marquis de Beringhen ne tarda pas à la posséder.

La maison de Beringhen, originaire des Pays-Bas, fit son apparition en France avec Pierre Beringhen, premier valet de chambre de Henri III. Il conserva ce poste sous Henri IV, le bon Béarnais. Un collatéral de Pierre s'établit en Bretagne au commencement du XVIIe siècle. Le fils de Pierre devint premier écuyer de Louis XIV et son petit-fils premier écuyer de Louis XV et seigneur d'Ivry. Un membre de la famille, François-Charles, fut nommé évêque du Puy en 1726. La famille de Beringhen embrassa la réforme. Les registres que j'ai pu consulter ne font pas mention de cette famille aujourd'hui éteinte.

Voici les armes des de Beringhen : « D'argent à trois pals de gueule au chef d'azur chargé de deux quintefeuilles d'argent. »

Le grand écuyer de Beringhen reçut plusieurs fois Louis XV dans son château, au retour des fêtes de Choisy-le-Roi.

A la mort du marquis de Beringhen, la terre d'Ivry, déjà morcelée, passa vers 1778 entre les mains du marquis de Nesle.

Les registres de la paroisse portent que la Communauté d'Ivry avait, à cette époque, 200 feux.

La terre seigneuriale était la possession de *Mademoiselle de Nesle, Dame de Mailly, prin-*

cesse d'Aremberg, fille du marquis de Nesle dont la résidence était, à Paris, au quai des Théatins.

Le curé était Messire Maillet.

Le conseil communal se composait de MM. Le Roy, fermier du Chapitre de Paris (ferme Saint-Frambour existant encore) ; Renoult, fermier de Mgr l'Archevêque (ferme englobée dans le parc de la maison du docteur Moreau); Frambour Le Roy, cultivateur ; Jolly, laboureur ; Denis Noblet, laboureur.

Le Syndic municipal était Nicolas Cochet, qui, pour avoir pris la défense de son curé, fut emprisonné à la Révolution.

Dans ces mêmes registres, nous trouvons le nom de *Cochu de la Grange,* chanoine de Notre-Dame, qui, à la Révolution, était désigné comme *co-seigneur* d'Ivry, à raison des propriétés considérables que le Chapitre de Notre-Dame possédait à Ivry.

Vers la même époque, la duchesse d'Orléans vint habiter le magnifique domaine du hameau Saint-Frambour dont le pavillon principal, gracieuse construction en pierres de taille et briques, subsista jusqu'à ces derniers temps où il dut être démoli après avoir été la proie des flammes en 1896. Ce domaine fut vendu par lots après le décès de la duchesse d'Orléans en 1822. Il couvrait la surface de terrain comprise entre l'ancienne rue de la Chapelle (rue Denis Papin) et la maison Soulage. L'immense parc, semé çà et là d'élégants pavillons qui comprenaient la vénerie, l'orangerie, les serres, etc... était remarquable par la beauté des pelouses et des parterres fleuris qui s'étendaient jusqu'au saut de loup gazonné protégeant la propriété sur la rue des Champs blancs. La vue pouvait ainsi s'étendre jusqu'à la Seine à travers des allées magnifiques d'arbres séculaires qui faisaient vis-à-vis.

Les « vieux » du pays se souviennent encore de la fête du Roi célébrée sur les pelouses du château, abandonnées en ce jour aux réjouissances de la population. Le vin coulait à flots et les vivres étaient en abondance pour célébrer la Saint-Philippe, le 1er mai, de 1830 à 1848.

Ce château avait d'abord été un rendez-vous de chasse.

La duchesse d'Orléans, mère de Louis-Philippe, a laissé à Ivry le renom d'une grande bienfaisance. Elle donna aux Sœurs de la Croix, dites de Saint-André, un immeuble qui avait appartenu au comte de la Ribardière, et c'est là que Sœur Sainte-Paule installa l'orphelinat Saint-Frambour où, sous la sérieuse direction d'habiles maîtresses, tant de jeunes filles ont, depuis, été formées à la vertu et au travail, sources de toute vie honnête et vraiment heureuse.

Le château, dont le parc surplombait la rue de Paris et dont les magnifiques caves ont subi des destinées diverses, appartenait au XVIIIe siècle au marquis de la Croix de Compiègne. Il le laissa en héritage à sa fille, la comtesse du Bocage, qui a donné son nom à une rue voisine de sa propriété.

A la Révolution, les domaines d'Ivry changèrent presque tous de maîtres. Les vieilles familles émigrées vendirent ou furent expropriées et le Directoire, toujours à court d'argent et qui faisait flèche de tout bois, aliéna à son profit un grand nombre de domaines.

La tourmente révolutionnaire passée, il fallut payer les dégâts, faire face aux réclamations, et ce fut le point de départ d'interminables procès dont quelques-uns nous intéressent plus particulièrement.

Chapelles Saint-Frambour et Notre-Dame des Anges.

La chapelle Saint-Frambour, desservie jusqu'à la Révolution par le clergé de la paroisse et réparée en 1784 pour 1.666 livres, ainsi qu'il appert d'un mémoire présenté au Conseil d'Etat et que j'ai consulté, fut désaffectée et profanée en 1793. Le mobilier en fut transporté, comme je l'ai dit, à Bourg-la-Reine et la chapelle fut louée par le Conseil municipal à un sieur Mathurin pour y serrer ses récoltes.

L'abbé Roques, aussitôt installé à Ivry, s'occupa du sort de la chapelle Saint-Frambour et, avec les fabriciens, en revendiqua la propriété pour son église.

Le 19 pluviôse an IX, c'est-à-dire, pour parler, selon le langage du sieur Belot, délégué révolutionnaire à Ivry, *le style esclave,* le 8 février 1800, le sieur de Mauperché, qui, soit par héritage, soit par acquisition, avait succédé aux seigneurs d'Ivry, à Mlle de Nesle, fit faire un état de ses biens, revendiqua plus spécialement comme siennes les deux chapelles Saint-Frambour et Notre-Dame des Anges qui servaient aux besoins religieux de l'hôtel seigneurial du sieur de Loynes. Cette chapelle de Notre-Dame des Anges, située le long d'une maison vendue à Mlle Contat, célèbre actrice de la Comédie Française, qui avait épousé le neveu du poète Parny qu'on nommait alors le *Tibulle français,* avait fait partie de la succession Godard Daucourt dont Mlle Contat avait fait l'acquisition. Le sieur de Mauperché, ayant droit des seigneurs d'Ivry, prétendait que cette chapelle faisait partie du fief dont il était possesseur. Il fit don de la chapelle Notre-Dame des Anges à la commune pour y établir une mairie. Le procès dura longtemps.

Mlle Contat mourut alors et sa propriété fut vendue au Gouverneur de la Banque de France, le comte Jaubert, le 14 février 1811.

Un décret de Napoléon, basé sur un acte du 19 août 1676 et un démembrement des propriétés de la famille de la Croix, de Compiègne, donna raison au comte Jaubert qui fut confirmé dans la possession de la chapelle Notre-Dame des Anges.

Quant à la chapelle Saint-Frambour, le décret de Napoléon la déclarait bien de la nation.

Le procès recommença, et une dame Ronceret ayant demandé, en 1818, à acheter la chapelle en ruines pour 2.000 francs, le sous-préfet de Sceaux, le baron de Vielcastel, prescrivit une enquête, la municipalité d'Ivry ne se souciant pas de réparer à grands frais une chapelle dont la possession était indécise. Le maire Archambault, qui avait succédé à M. de Bettencourt, correspondit longtemps avec l'avocat du Roi, Camille Godard de Saponay. La question était en litige en 1830 ; la monarchie de Juillet, favorisant davantage les idées de la Révolution, débouta la fabrique de ses prétentions sur la chapelle, qui fut alors attribuée à la commune, puis vendue partiellement de 1832 à 1837 à un sieur Lebas principalement. Elle fut démolie, et à sa place s'éleva l'immeuble du numéro 30 de la place Parmentier.

Le château du Bosc devint, vers 1819, la propriété de la famille de Janzé, puis fut vendu à divers acquéreurs. Le parc fut divisé par lots ; la maison Alexandre y fit bâtir un vaste bâtiment qui, après avoir servi à diverses industries, vient d'être acheté par la Compagnie du Chocolat Vinay.

D'autres pavillons très luxueux, entourés de splendides jardins, étaient habités, rue des Champs blancs notamment, par de très vieilles familles françaises qu'il est sans intérêt de nommer toutes. La ferme Saint-Frambour dans la rue Raspail était la propriété du Chapitre de Notre-Dame. Cette ferme renferme encore de magnifiques caves voûtées de vastes dimensions Elle passa des mains du comte de Montebello dans celles de la famille Pillet à qui elle appartient encore.

Parmi les pavillons offrant encore quelque cachet artistique, citons les constructions Louis XV où se trouvent l'école Pompée et l'ancienne mairie. Il y a quelques années, l'ancienne mairie possédait encore de très belles boiseries de style qui ont été vendues.

La famille de Bonnières possède aussi une très belle propriété en face l'hôtel de ville, dans la rue Raspail. Inhabité depuis longtemps, l'hôtel, alourdi par les annexes surajoutées en ce siècle, possède encore une chapelle et est entouré d'un reste de parc qui a fort grand air.

C'est là tout ce qui reste à Ivry de toutes les maisons seigneuriales d'autrefois. Quand la cour de Louis XV se transportait à Choisy-le-Roi, les pavillons d'Ivry s'ouvraient pour recevoir leurs hôtes. La Révolution bouleversa de fond en comble la vieille aristocratie. L'exil, la confiscation des biens, la proscription changèrent radicalement la vie des seigneurs. Ivry passa aux mains de l'aristocratie napoléonienne. Le duc de Plaisance, les de Montebello, les Talleyrand... vinrent s'y fixer.

Avant même la révolution de 1848, l'aspect du pays se modifie peu à peu, puis prend, avec les usines et les fabriques, sa physionomie nouvelle. A l'aristocratie de la naissance succède le prolétariat des travailleurs. Moins de fleurs, moins de parterres, moins d'allées sablées de fin, plus de flaques de boue, de fondrières! Les carrosses à panneaux le cèdent aux lourds tombereaux de carriers, de plâtriers, d'entrepreneurs! Ivry actuel a bien aussi son charme. Donnez à ces braves Ivryens du travail, de la tranquillité, de la religion, et tout ira gaiement. « Etrange pays que le vôtre, disait un Anglais en parlant de la France; il passe ses journées à faire des folies et Dieu les répare la nuit! » Acceptons-en l'heureux augure!

Ecoles et maisons d'éducation.

La commune d'Ivry a fait construire, à grands frais, trois magnifiques groupes scolaires dans les trois sections de la ville, dans le Centre et les deux faubourgs d'Ivry-Port et du Petit-Ivry. L'ampleur et l'élégance de ces constructions genre du collège de Chaptal en font des monuments qui embellissent la cité naissante. Parmi les maîtres de ces écoles, mentionnons le directeur du Petit-Ivry, M. Brunet, qui, depuis plus de trente ans, y exerce les fonctions d'instituteur.

Rue Parmentier, dans un antique immeuble qui conserve encore d'intéressants vestiges de l'élégante habitation qu'il fut, et que les Filles de la Charité, Sœurs de Saint-Vincent de Paul, achetèrent en 1839 à Mme Durand, est établi un internat de jeunes filles, où la Supérieure, Sœur Vincent, travaille depuis cinquante-deux ans ! Cette maison contient 150 jeunes élèves qui y font des études littéraires complètes et aussi l'expérience des travaux du ménage qui forment les bonnes ménagères.

Une des treize religieuses de cette maison, Sœur Augustine, dont la cornette est connue dans les quartiers besogneux du Petit-Ivry, a été chargée de l'Œuvre des Pauvres malades de ce faubourg, à la demande de l'abbé Boisseau dont le zèle calme et sans bruit avait souci du sort de ses paroissiens déshérités.

Après la Révolution, l'abbé Roques eut à réorganiser sa paroisse ; après l'effervescence, peu à peu calmée, produite par la laïcisation et la neutralité des écoles primaires, l'abbé Collas eut aussi beaucoup à faire. Il sut faire vite et la mort passa à d'autres le lourd fardeau qu'il assuma. DEUX ÉCOLES LIBRES, avec patronages annexés, furent créées par l'abbé Collas.

Les *frères des Ecoles chrétiennes* furent solennellement installés, 135, rue de Paris, par Son Eminence le Cardinal Richard, alors coadjuteur, le 28 mars 1886. Ils dirigent, depuis, une école libre payante de trois classes, à la tête de laquelle se trouve le *frère Alvier* et qui rend de signalés services à la paroisse dont elle fournit la maîtrise.

Les Sœurs de Saint-André, outre leur importante maison du Centre dont j'ai parlé, dirigent à Ivry-Port une école privée, ouverte par l'abbé Collas en octobre 1885 dans la Cité Bénat.

Au Centre, Sœur Saint-Jean a succédé à Sœur Sainte-Paule qui avait organisé la maison, fait bâtir une salle d'asile en 1841 et 1842 et dirigé la Communauté durant soixante-deux ans. Une des sœurs de la Communauté est chargée de l'Œuvre des Pauvres malades dans le Centre.

Une sœur de la Communauté de la Gare s'occupe également de l'Œuvre des Pauvres malades dans son vaste quartier et y fait un grand bien.

Une douzaine de dames patronnesses s'intéressent à l'orphelinat Saint-Frambour. Mme Coutant en est la présidente, MM^mes^ Bac, Liénard, Moreau de Tours, Vénêque, etc... font partie du conseil de cette belle œuvre. Parmi les bienfaiteurs, citons la famille Talleyrand-Périgord qui assura en 1836 une rente de 50 francs.

A l'extrémité du pays, dans l'ancien enclos Saint-Frambour, en face de la chapelle, Mlle *Laurent* dirige, depuis de longues années déjà, une institution libre où les jeunes filles font leur éducation et préparent leurs brevets.

Ancienne maison des Miramionnes.

Cette maison célèbre existait encore à l'époque de la Révolution où plusieurs des maîtresses qui la dirigeaient furent conduites à Paris pour y être enfermées dans des « maisons de force. »

La maison des Miramionnes avait été fondée par Marie Bonneau, dame de Miramion, qui épousa en 1645 un conseiller au Parlement et s'occupa toute sa vie à des œuvres de bienfaisance. Elle avait déjà fondé à Paris deux refuges pour les femmes repentantes et institué, en 1665, une communauté religieuse spécialement chargée du soin des malades et de l'instruction des jeunes

filles. Cette communauté, fondue plus tard avec celle des Dames de Sainte-Geneviève, avait

établi à Ivry la majeure partie de ses services. Le 16 brumaire an III, la propriété des Miramionnes fut vendue comme bien national ; plus tard elle revint à Pierre-Antoine de Clérambourg

et à Anne-Marie de Presle, sa femme, et fut enfin achetée par *Esquirol*, en 1827, pour y

installer une MAISON DE SANTÉ qu'il avait fondée dès 1817 au 23 de la rue de Buffon.

Cette maison de santé, après celle de la rue de Charonne fondée par le Docteur Belhomme, était la plus ancienne de Paris. C'est à Ivry que le célèbre médecin aliéniste appliqua cette méthode, aujourd'hui forte des succès joints à l'expérience,

Chapelle de la Maison Esquirol.

que le Docteur Moreau de Tours a reprise plus complètement depuis trois ans.

Mitivié succéda à son oncle Esquirol et s'adjoignit, en 1843, les deux élèves préférés de son oncle, Jacques *Moreau de Tours* et *Baillarger*. Le Docteur Luys dirigea ensuite cette maison jusqu'en 1895. Un des élèves distingués de ce dernier, M. Dheur, a épousé en 1898 Mlle Moreau et seconde son beau-père dans la direction de

Pavillon nouveau genre de la maison Esquirol.

cette importante maison dont nous donnons ici quelques vues.

Hôtel de Ville.

En face de la maison de santé, le nouvel hôtel de ville, inauguré le 21 avril 1896, M. Bruyer, étant maire pour la seconde fois, élève ses élégantes constructions. La façade en est ornée de six statues représentant les différents corps de métiers. Le devis de M. Adrien Chancel, architecte de l'Elysée, était de 700.000 francs. Il a été dépassé de beaucoup, car le monument, d'ailleurs élégant, revient à plus d'un million. Quatre sculpteurs ont travaillé à l'ornementation de la façade. M. Camille Lefèvre a sculpté trois statues : 1° la statue d'*Ivry-sur-Seine*, qui domine le fronton ; 2° la statue de *la Pierre*, et 3° la statue de *l'Eau*.

M. Adolphe Geoffroy a exécuté les deux cariatides représentant *l'Industrie* et *le Commerce*.

M. Jean Hugues a sculpté *la Terre* et l'*Electricité*, et M. Fagel *le Fer* et *le Bois*.

Quartier Saint-Frambour.

Derrière l'hôtel de ville, s'étend l'ancien quartier Saint-Frambour qui commence avec l'ancienne rue des Champs blancs (ou des Chambellans). Au bout de cette rue, à gauche, à l'entrée de la rue du Colombier, s'étendait la propriété du comte de Marigny où s'étalent aujourd'hui les riches constructions de l'usine de plumes métalliques qui appartenait à la famille Bac.

Plus loin, après la place et l'ancienne rue des Liards (rue de Beauvais), près d'anciens domaines où les grands seigneurs de la cour avaient installé des vèneries qu'ils entretenaient à grands frais, on admire aujourd'hui l'immense HOSPICE D'IVRY dit des INCURABLES.

Hospice d'Ivry.

Les immenses et symétriques bâtiments des Incurables sont séparés par des cours et des jardins où l'air circule et se rafraîchit. Des galeries en arcade relient les nombreux corps de bâtiments qui renferment 52 salles. Cet hospice, commencé sous l'Empire, fut inauguré sous la présidence de Mac-Mahon par le Maréchal lui-même. Il est administré par l'Assistance publique et a remplacé les deux hospices insuffisants qui étaient autrefois à Paris, rue Popincourt, pour les hommes, et rue de Sèvres, pour les femmes. Il renferme, avec la fondation Dheur, 3.000 lits dont disposent la Ville de Paris, l'Assistance, des paroisses de la Capitale et des particuliers. Parmi les bienfaiteurs, la plupart des noms de la haute société de France sont représentés et l'impératrice Eugénie dispose également d'un certain nombre de fondations.

Cette maison, desservie autrefois par 80 religieuses de Saint-Vincent de Paul qui en avaient organisé tous les services, a été laïcisée en 1885.

Une magnifique chapelle se dresse au centre des bâtiments auxquels des galeries vitrées la relient. Un aumônier est encore attaché au service de cette chapelle. C'est là qu'il maintient, depuis près de douze années, avec un zèle des plus impétueux uni à la plus sage prudence, les traditions de piété qui tiennent tant au cœur de la plupart des vieillards et des déshérités.

Fort d'Ivry.

Le fort d'Ivry, dont l'importance stratégique est très grande en raison des positions qu'il protège sur la gauche de la vallée de la Seine, domine l'hospice des Incurables.

Wrobeski, commandant du fort pendant la Commune, fit sauter la poudrière le 24 mai 1871. Une énorme brèche fut faite au fort par la formidable explosion et les débris, poussés par la force de la poudre, allèrent tomber au delà de l'hospice qui ne fut heureusement pas atteint.

Le fort d'Ivry est occupé actuellement, avec le bastion 89, par près de deux bataillons des 103ᵉ et 104ᵉ régiments d'infanterie.

L'Eglise d'Ivry.

Au centre d'Ivry s'élève l'église, curieux monument des XIIᵉ, XIIIᵉ et XVᵉ siècles, au clocher ogival. Un incendie, dont les conséquences n'ont malheureusement pas été réparées, a détruit la flèche dans la soirée du 13 juillet 1886 ; il avait eu pour cause l'imprudence d'un individu à qui le clocher avait été livré pour les illuminations de la fête nationale.

L'église est bâtie sur le flanc de la colline qui borde la vallée de la Seine. Un escalier dallé de 46 marches, divisées en 4 paliers, y donne accès du côté Nord. Cet escalier, aux pierres effritées par le temps, ne manque pas d'un certain cachet. Restauré par les soins de la municipalité vers 1850, il aurait aujourd'hui besoin d'une réfection complète. Une tradition, qui n'a rien d'impossible en tous cas, veut que Mme Acarie, sainte du diocèse, se soit cassé la jambe sur cet escalier.

L'intérieur de l'église frappe le visiteur par la disproportion de ses trois nefs et l'exiguïté. L'église est évidemment tronquée ; une simple visite à la façade principale suffit pour en donner la certitude. A-t-elle jamais été achevée ? A-t-elle été mutilée par les guerres de religion du XVe siècle ? Impossible de faire mieux que de vagues suppositions. On nous a dit que l'église n'était autrefois que la chapelle d'un vaste couvent de Capucins qui s'étendait à la place des maisons

(1) La dalle mortuaire de la chapelle de la sainte Vierge porte cette inscription dont certains passages doivent être complétés à cause de l'usure qui les rend presque illisibles :

Ci-gît Jean-Baptiste Boucher, Ecuyer du Roi, Conseiller, Administrateur des Colonies françaises en Amérique, mort à Ivry. (Date inconnue.)

qui portent les numéros 106, 104, 102, etc... de la rue de Paris. Sur quoi base-t-on cette vague probabilité ? Sur les sculptures de l'église ? Ces sculptures sont postérieures au XVIe siècle et nous avons retrouvé la liste des curés depuis 1600. La chaire hexagonale de l'église est ornée, ainsi que les stalles du chœur, de panneaux sculptés représentant des saints franciscains ; mais cette chaire et ces stalles ont été achetées en 1804 par l'abbé Roques, la chaire au prix de 150 fr. à un sieur Armitage et trois stalles 36 fr. à M. Gervais. Y étaient-elles avant la Révolution et faisaient-elles partie du mobilier vendu, ou sont-ce des objets provenant d'ailleurs et achetés d'occasion ? Les registres consultés sont muets sur ces indications.

Ces meubles furent installés dans l'église en juin 1804. M. de Sainte-Marie et M. de la Ribadière procédèrent à la réinstallation du curé. Le maire Luisette parcourut le village avec l'abbé Roques pour quêter en faveur de l'église rendue au culte.

Ivry sous la Révolution.

Les grandes propriétés furent toutes abandonnées. Jean-Baptiste Renoult, fermier de l'Archevêque de Paris, fut nommé officier public le 30 décembre 1792. Ses fonctions étaient de tenir les registres de l'état civil à la place du curé.

Ce fut le commencement de la Révolution à Ivry. L'an 1790, le 14 juillet, jour de la Fédération générale, une messe fut chantée solennellement dans l'église Saint-Pierre-Saint-Paul. M. Le Roy, premier maire d'Ivry, successeur du syndic Nicolas Cochet, y assistait, entouré de tout le corps municipal.

Aucun incident ne signala cette cérémonie ; on était encore sous l'impression des événements fâcheux qui avaient eu lieu le 3 juin précédent et que je vais raconter parce qu'ils dépeignent l'état des esprits des vieux Ivryens.

A la procession du Saint Sacrement, au passage du cortège, des coups de feu furent tirés en signe d'hostilité dans une maison voisine de la chapelle Saint-Frambour, et l'abbé Maillet, curé, dut requérir la force publique dont les représentants furent même insultés et reçurent ces réponses : « Cela ne vous regarde pas ! Nous recommencerons jeudi à la *petite Fête-Dieu* (1). » Au retour de la procession, à la grand'messe avait lieu l'offrande du *pain bénit bourgeois* et du *pain bénit paroissien*. Quelques meneurs

(1) L'octave de la fête s'appelait ainsi.

voulurent empêcher le bedeau de distribuer, en premier, le pain bénit bourgeois. Querelles, coups échangés et tumulte tel dans l'église que le curé dut cesser le chant de la préface. En vain les représentants de la municipalité essayèrent de rétablir l'ordre. On leur répondit que l'on se moquait d'eux et du curé.

A la suite de ces faits, dont procès-verbal fut adressé par le maire, Jean-Pierre Le Roy, aux représentants de la Commune de Paris pour qu'ils donnent leur avis, M. Vinfray, commandant la maréchaussée de Villejuif, envoya le jeudi suivant, 7 juin, six cavaliers et un officier pour assister à la procession, à la messe, et réprimer tout désordre.

La municipalité blâma les sieurs Pierre Millet, Antoine Pillet et Mathurin Hervy.

« Malgré tout, dit le rapport que je cite ici textuellement, Augier, barbier et tailleur, a tout osé. A la messe, Pierre Millet, boucher, qui avait accepté d'offrir le pain bénit, l'arracha des mains du bedeau et sortit pour le distribuer sur la place et dans les rues, le mettant à prix par dérision à tant de bouteilles de vin. » Le procureur de la commune dénonça le fait au procureur du Roi, au Châtelet, et les coupables furent arrêtés.

Tout rentra ensuite dans l'ordre.

Le 21 juin 1791, la municipalité dut cependant

ordonner des patrouilles de la garde nationale pour défendre les propriétés contre les incursions de ces maraudeurs, éclaireurs des régiments d'émeutiers qui allaient déshonorer la Révolution par leurs excès.

Le 13 novembre 1791, le menuisier Honfroy fut élu maire à la place de Jean-Pierre Le Roy et les habitants, convoqués en assemblée générale en exécution d'un récent décret de l'Assemblée Constituante, élurent pour président des notables d'Ivry le sieur Maillet, curé.

En 1792, le faubourg Saint-Marcel fut réuni au territoire d'Ivry et l'on s'occupa de la rue du Chevaleret qui reliait ce faubourg à Ivry et se continuait même beaucoup plus loin jusqu'à Vitry.

Le 24 juin 1792, on délibéra sur le sort des cinq cloches de la paroisse. On avait besoin de bronze pour la guerre et on en cherchait de tous les côtés. On décréta, quelques jours après, l'activité permanente pour la surveillance des personnes et des propriétés.

On défendit aussi de tirer des coups de fusil sans ordre spécial.

Raymond Despaulx — prêtre, ci-devant bénédictin de la Congrégation de Saint-Maur, né à Miélan (diocèse d'Auch) le 14 septembre 1726 — vint s'établir à Ivry comme officier de santé et prêta, le 20 août 1792, serment de maintenir la liberté et l'égalité ou de mourir en défendant les immortels principes.

Le 12 août 1792, quatrième année de la liberté, disent les rapports, premier de l'égalité, on convoqua au son de la cloche et du tambour, dans la grande nef de l'église, les fonctionnaires, la garde nationale et tous les notables, et le curé Maillet, Alanyou le maître d'école et les maîtresses d'école prêtèrent solennellement serment à la nation.

Les habitants firent ensuite parvenir aux législateurs une pétition protestant contre les rôles mal établis où ils étaient inscrits pour des impositions à 50 0/0 de leurs revenus. La liberté coûtait effectivement un peu cher !...

Jean-Louis Le Roy, Bourdilliat, Honfroy et Sinelle portèrent la pétition à la Convention le 28 octobre 1792.

Quelques jours après, le curé remit au fermier de l'Archevêque de Paris, dont la ferme se trouvait au coin de la rue de la Voyette et du Liégat, les registres de l'état civil dont le sieur Renoult était désormais chargé. Cette mesure dut être sensible au bon curé. La situation empira dès lors pour lui jusqu'au 7 février 1793 où un jeune homme de Vitry alla le trouver, après son mariage civil, pour recevoir le Sacrement. Le curé étant absent, le vicaire ne voulut point procéder au mariage ; le maire intervint inutilement et un blâme fut voté au curé pour avoir manqué envers l'autorité civile. Néanmoins, chaque dimanche, la messe se disait encore et, après la grand'messe du dimanche de la Passion, le 17 mars 1793, l'assemblée des notables, convoquée dans l'église, choisit encore par 41 voix l'abbé Maillet pour président, montrant ainsi combien le bon curé était aimé dans sa paroisse.

Sur ces entrefaites, d'ordre départemental, le district de Bourg-l'Egalité avait envoyé à Ivry un secrétaire qui fit nommer une Commission pour procéder à la destruction complète de tous les vestiges « du despotisme. »

L'abbé Maillet, son vicaire, les religieuses Miramionnes furent arrêtés.

Un vif émoi s'empara de tous les paroissiens qui refusèrent d'accepter le ministère du sieur Simon, desservant assermenté, successeur du curé Maillet qui ne resta du reste que quelques semaines à Ivry. Le drap mortuaire aux trois couleurs fut substitué alors au deuil accoutumé pour les enterrements. On dut renoncer bientôt aux services du prêtre assermenté, et l'église, définitivement désaffectée, fut convertie en un temple de la Raison et en une salle de réunions profanes.

En présence des manifestations auxquelles se livraient les habitants, d'ordinaire si paisibles, pour protester contre l'incarcération de l'abbé Maillet, le commissaire du gouvernement fit arrêter ceux qui s'étaient montrés les plus ardents. Les noms de ces braves doivent sortir de l'oubli. Ils ont droit à l'éternelle reconnaissance de la paroisse pour n'avoir pas hésité, en pleine Terreur, à confesser publiquement leur foi et leur attachement pour leur pasteur persécuté. Huit hommes et seize femmes méritent ainsi d'être inscrits au livre d'or des braves. Leurs noms devraient être gravés sur une tablette de marbre placée en bon endroit dans l'église. En attendant, les voici : *Cochet, ancien syndic municipal, Jean Le Roy, Pierre Faipeau, Jean Le Roy* fils, *Toussaint Saunier, Jean Jolly, Valentin Sainte-Marie, Louis Alanyou,* maître d'école d'Ivry depuis de longues années, et les dames *Pousy, Gaucher, Colomesse, Gaubert, Chamboran, Robadeau, la Fosse, Collet, Jupin, Pillet, Deliro, le Roux, Thomain, Michel, Imburty* et *Baziot*.

Tous ces braves furent traînés dans les maisons de force de Paris et la Terreur fut au village d'Ivry. Une pétition fut adressée par les *citoyens cultivateurs* à l'effet d'obtenir l'élargissement des prisonniers. Ces arrestations, disait la pétition, nuisaient aux travaux des champs et l'état de la culture s'en ressentait beaucoup.

La pétition fut favorablement accueillie parce que les citoyens arrêtés n'étaient point taxés d'incivisme.

Le citoyen Poussier, agent national du district, se rendit à Ivry. On convoqua le village dans le Temple de la Raison et les prisonniers, extraits de la capitale, furent amenés dans l'église. Poussier lut la levée d'écrou, félicita les libérés de s'être bien comportés durant leur captivité, leur dit qu'ils n'étaient pas de mauvais citoyens, mais qu'un reste d'attachement au ci-devant culte les avait induits en erreur et poussés à manifester une affection déplacée pour leur ci-devant curé. Le citoyen curé, lui, resterait en prison. Les citoyens libérés devraient se présenter tous les deux jours au comité de surveillance de la commune. On allait donc se donner le baiser fraternel, renoncer définitivement aux vieux restes de l'esclavage et du fanatisme.

Voici quelle était, sous la Terreur, la composition du Comité de surveillance d'Ivry : Renoult, maire ; Luisette, Bourdilliat, Chompré, Belot, secrétaire, Maréchal, Martin, Millet.

Ce comité fit installer une fabrique de salpêtre dans l'ancienne maison de Croüy.

Le 7 ventôse, il dut mettre à exécution l'arrêté

de la Convention qui lui avait été notifié par le département de Versailles, portant que les presbytères et églises situés dans les communes ayant renoncé au culte public seraient destinés au soulagement de l'humanité souffrante.

Le 22 brumaire, tous les objets de cuivre et de bronze furent retirés de l'église.

On enleva des portes grillées en fer forgé de 9 pieds de haut qui séparaient le chœur et la chapelle de la Sainte Vierge des nefs.

On enleva dans un caveau de la chapelle de la Vierge neuf cercueils de plomb.

La chapelle de la citoyenne Daucourt, qui était alors en prison, fut dépouillée de tous les objets précieux qu'elle renfermait.

La chapelle Saint-Frambour subit le même sort.

Quant à la citoyenne Vieillard, elle fit don à la patrie des ornements de la chapelle d'une maison dont elle venait de faire l'acquisition.

Une seule cloche fut laissée à l'église ; les autres furent livrées à l'Etat.

Trois citoyens, Guy Georges, Jolly et Jean Bourdilliat durent transporter près la barrière du Trône 5.225 livres du fer provenant de l'église et des chapelles et destiné à la fabrication extraordinaire des fusils. Les autres objets furent conduits au magasin des fers, 927, rue de l'Université.

On alla saisir au presbytère les soutanes du curé et du vicaire pour en faire des guêtres destinées aux défenseurs de la patrie et on dut envoyer au district tout le linge et toutes les soieries de l'église.

Sur ces entrefaites, le comité enquêta pour savoir s'il n'y avait point eu des *conciliabules religieux* et des *messes nocturnes* çà et là dans Ivry et principalement « chez les ci-devant religieuses actuellement en état d'arrestation. »

Le résultat de cette enquête fut négatif. Le 11 pluviôse, le comité fit au district la remise de tous les objets précieux de l'église et des chapelles spoliées. Les scellés, apposés au presbytère, lors de l'arrestation du curé, furent rompus et on fit l'inventaire des objets du culte. Tout ce qui n'était pas la possession personnelle du curé fut saisi. On prit de la sorte trois calices en vermeil, deux ciboires d'argent, deux custodes et deux vases d'argent, une coquille et un vase d'argent pour les baptêmes, quatorze chandeliers d'argent, six crucifix de trois pieds de haut en argent, des encensoirs, burettes et bénitiers. Tous ces objets furent confisqués. D'autres, y compris un soleil d'or avec cristaux, furent laissés au presbytère.

Le comité se chargea de faire parvenir aux autorités compétentes une pétition demandant l'élargissement des citoyennes Ponsy, Colomesse, Gaucher et d'Abrêmes qui avaient été incarcérées pour la seconde fois.

Les victimes, du fond de leurs cachots, n'oubliaient pas leurs devoirs de charité. C'est ainsi que Mme Daucourt fit don, de la prison où on l'avait enfermée, d'une partie de ses moissons en 1793 pour les pauvres de la commune. Cette charité lui valut la clémence et elle fut rendue, quelque temps après, à la liberté.

En 1793, toutes les rues d'Ivry furent baptisées selon les rites de la Révolution. La rue Jean Picourt devint la rue Jean-Jacques. — La rue Neuve Saint-Frambour, rue Marat. — La rue du Colombier, rue de la Limite. — La rue des Champs blancs, rue de Brutus. — Ruelle du Boucher, rue de Scévola. — Rue Liégard, rue Lepelletier. — Rue aux Bouchers, rue Voltaire. — Rue Saint-Julien, rue de Beaurepaire. — Rue des Liards, rue de Beauvais.

Tous les chevaux de la commune furent réquisitionnés pour la guerre, et les chevaux de luxe du ci-devant de la Coudrette furent l'objet d'une délibération spéciale.

Le certificat de civisme fut donné en juin 1793 aux religieuses d'Ivry à leur sortie de prison.

L'église Saint-Frambour fut accordée à un sieur Mathurin pour en faire une remise à fourrages.

Le comité d'Ivry eut aussi à s'occuper des moissonneurs étrangers qui affluaient de tous les côtés. Des quantités de vagabonds infestaient alors les grand'routes. La route d'Espagne par Orléans passait derrière Gentilly et Arcueil. La route d'Italie par Nevers et Lyon passait à Villejuif. La route de la Savoie par Dijon passait à Maisons-Alfort. La route de la Suisse par Troyes passait à Conflans. Toutes ces routes déversaient alors sur Paris quantité de déclassés ou de pires individus, attirés comme des chacals par l'odeur des carnages révolutionnaires. C'est l'origine des bandes de « chauffeurs » qui infestèrent plus tard la région et auxquelles on attribua tant de crimes, entre autres celui de Vitry-sur-Seine où neuf personnes furent massacrées dans la même nuit dans le joli château du Petit-Val.

Le 1er thermidor an II, le sieur Belot proposa de détruire tous les vestiges de la royauté. On enleva les lis des hallebardes ; on supprima les écussons de la noblesse. On peut voir au portail latéral de l'église un écusson dont la partie héraldique a dû disparaître alors.

Un sieur Martin, ayant violé une tombe qui se trouvait dans la chapelle Saint-Frambour et en ayant retiré des cœurs en plomb, fut blâmé de cet excès de zèle par le comité d'Ivry qui semble se faire, en cette circonstance, l'écho fidèle du pays ému de cet acte odieux. S'agit-il ici des reliques de saint Frambour dont le sieur Bosc avait fait l'abandon en faveur des paroissiens d'Ivry ?

Neuf Thermidor.

Le calme village d'Ivry était agité et se ressentait vaguement du malaise dont souffrait la capitale. Les nouvelles de la journée n'avaient point été bonnes quand, à neuf heures du soir, on entendit le tocsin sonner de tous les points de Paris. Le comité se réunit en toute hâte et décida de siéger en permanence. Des patrouilles furent organisées pour veiller toute la nuit à la sécurité des gens et à la garde des propriétés. Robespierre ne pouvait s'agiter alors sans terrifier la France entière.

Dix Août 1793.

A l'occasion de cet anniversaire, le secrétaire du district prononça un discours poncif dans lequel apparaissent les clichés sempiternellement bêtes : Mort du tyran, du Tarquin français, la liberté, l'an II du style libéré... etc.

Le citoyen de Mauperché adressa à cette époque une demande au comité d'Ivry à l'effet de rentrer en possession des armes qui avaient été enlevées au château d'Ivry dont il était devenu le possesseur. Ce sieur de Mauperché flirtait avec les idées nouvelles comme il appert de l'abandon qu'il fit plus tard des deux chapelles sur lesquelles il prétendait avoir des droits comme successeur des seigneurs d'Ivry. Le comité l'ayant déclaré « *non suspect* » fit droit à sa demande et lui fit restituer ses armes.

L'abbé Maillet.

Le 15 frimaire an II, l'abbé Maillet fut rendu à la liberté. Il se hâta de revenir à Ivry où les habitants lui firent un accueil tempéré par la terreur que le régime de Robespierre inspirait à tous. Il mit ordre à ses affaires et disparut. Je n'ai pu, à partir de ce jour, retrouver ses traces. Saluons ce digne pasteur. Il sut maintenir dans le bien les paroissiens qui lui avaient été confiés et ne céda qu'à la dernière extrémité.

21 Janvier 1794.

Ce lugubre anniversaire fut célébré à Ivry assez bruyamment. Le comité convoqua les habitants « dans le temple de l'Etre suprême. » — J'ouvre ici une parenthèse pour faire remarquer que les Ivryens ne se montrèrent pas incrédules durant la Révolution. Le temple de la Raison ne subsista pas longtemps au milieu d'eux et, dès la fin de 1793, dans les comptes rendus officiels, on parle déjà de l'Etre suprême.

Le délégué du gouvernement prononça un discours patriotique et on chanta des hymnes à la patrie et à la liberté.

Moriceau, trésorier, remplaça Belot au presbytère qui était devenu la résidence des agents révolutionnaires.

La Révolution se termina à Ivry sans que quoi que ce soit de notable interrompe la monotone succession des jours. L'Empire se leva, à l'aurore du siècle, comme un soleil destiné à parcourir une heureuse carrière. On se prit à respirer en France et le bruit du canon des batailles mêlé aux cris des soldats de Napoléon ivres de gloire, fit oublier les épouvantes de la Terreur. Le sang des héros de la guerre effaça celui des victimes de l'échafaud révolutionnaire. Le Concordat rétablit l'harmonie entre le Pape et la France. Ivry reçut un nouveau pasteur, l'abbé Roques, qui rétablit le culte et parcourut le village, avec le maire Luisette, pour quêter afin de racheter le mobilier de l'église.

Dès 1804, l'abbé Roques rétablit diverses confréries.

Le 28 octobre 1805, la croix du cimetière,

abattue en 1793, fut rétablie par les soins du serrurier Deslogis. Cette croix a été de nouveau enlevée, en 1887, par les soins d'un serrurier homonyme.

La fête de saint Frambour, qui était restée la fête civile du pays, fut célébrée religieusement en mai 1805.

En 1814, eurent lieu, pour la première fois dans l'église, des services célébrés à l'anniversaire de la mort de Louis XVI et de Marie-Antoinette.

La fabrique s'imposa de lourds sacrifices pour rétablir les cloches dont la bénédiction eut lieu en 1828.

L'abbé Roques ne se contentait pas de relever les ruines matérielles de la paroisse. L'édifice des âmes, ébranlé par de si terribles secousses, avait grand besoin d'être consolidé. Le curé fit donner, en 1824, une grande mission qui eut de très consolantes suites. Ce ne fut pas seulement une lueur.

J'ai pu retrouver le récit de la bénédiction de la croix de mission qui est aujourd'hui, dans l'église, à l'autel de la Bonne Mort. Voici ce récit que je transcris littéralement :

« Depuis que la révolution avait donné le signal de la destruction des croix et de tous les autres signes de la religion, les environs de Paris, qui 'étaient plus sentis que les autres parties du royaume des fureurs de l'impiété, n'avaient point vu la croix recouvrer ses honneurs, et il semble que nos campagnes les plus voisines de la capitale n'osaient encore se déclarer franchement chrétiennes. Le village d'Ivry vient de donner à cet égard un exemple qui, sans doute, ne sera pas perdu. Un des membres les plus zélés de l'association de Saint-Joseph, qui possède une propriété dans cette paroisse, a voulu y élever une croix à ses frais, et sa modestie a souhaité que cette croix fût présentée, non en son nom, mais au nom de l'association de Saint-Joseph. La cérémonie de la plantation fut fixée au dimanche 22. Un grand nombre de membres de l'association, maîtres et ouvriers, se rendirent aux Bernardins, et demandèrent, malgré le mauvais temps, à aller à Ivry. Le directeur n'ayant pu, à cause d'une indisposition, les accompagner, le sous-directeur, M. l'abbé Desquibes, se mit à leur tête. Ils traversèrent Paris en silence, avec un ordre parfait. Arrivés sur le lieu, ils ornèrent la croix et le brancard ; puis, s'étant formés en procession, précédés de leur bannière, ils se mirent en marche en chantant des cantiques. M. le curé et M. le maire d'Ivry vinrent au-devant d'eux, accompagnés de la garde nationale et des associations et confréries de la paroisse. M. le sous-directeur adressa un petit discours à M. le curé, en lui remettant la croix, qui fut bénite avec les prières d'usage, et portée alternativement par des associés et par des habitants d'Ivry. Des arcs des triomphe avaient été dressés dans les rues, et le devant des maisons était tendu et pavoisé ; on chantait des cantiques. A l'extrémité du village, M. le curé bénit une seconde croix. Arrivés sur la place où la croix devait être élevée, on la dressa et on la fixa sur le piédestal aux acclamations des assistants. Un missionnaire, M. l'abbé Chanon, prononça un discours plein d'onction, et le sous-directeur dit aussi quelques paroles d'édification. En louant les associés de leur zèle, il les engagea à prier pour leurs frères d'Ivry. Tout le monde se rendit à l'église en chantant des cantiques, et la cérémonie fut terminée par la bénédiction du Saint Sacrement. Les associés se retirèrent, laissant la paroisse touchée de leur zèle : et en effet, c'était un spectacle nouveau et frappant que de voir trois ou quatre cents hommes s'arracher à la dissipation trop ordinaire en ces jours pour orner le triomphe de la croix, et faire une profession publique de leur attachement à la religion. Leur nombre, leur attitude recueillie, leur ardeur à chanter des cantiques, l'ordre qu'ils observaient, tout était un sujet d'admiration pour les spectateurs. Le ciel a semblé bénir leur zèle, car le temps a été beaucoup plus favorable qu'on ne pouvait l'espérer. »

Il ne faut pas croire cependant que tout fût au

CASIMIR-HYACINTHE DE GONET
1803-1857

Restaurateur à Ivry de l'Œuvre de la Bonne-Mort. Premier Curé de Saint-Ferdinand des Ternes. Renommé comme homme d'organisation paroissiale. Curé d'Ivry de 1845 à 1847 seulement.

mieux à Ivry après la tourmente. Il y eut quelques contre-coups dont le successeur de l'abbé Roques connut la violence, puisqu'il dut s'enfuir secrètement par la maison des Sœurs de Saint-André, en février 1831, tandis que quelques individus saccageaient le presbytère. Voici encore ce récit tel que je l'ai lu dans l'*Ami de la Religion et du Roi* du mardi 31 mai 1831 :

« M. le curé d'Ivry, près Paris, a été obligé d'abandonner sa paroisse après les événements de février ; on l'accusait d'avoir dit, le 20 février, que *les habitants étaient de la canaille*, et qu'il ne *bénirait ni le buste du Roi, ni le drapeau de la garde nationale*. Ce propos n'était peut-être pas plus vrai que tant d'autres, qui furent attribués à des curés dans ces jours d'effervescence et de désordre. Néanmoins les esprits s'échauffèrent ; on avertit le commandant de la garde nationale, qui croyait sans doute que le propos était faux ou exagéré, et qui répondit qu'on avait tort de se plaindre du curé ; qu'on ne pouvait l'empêcher de faire et de dire dans son église ce qu'il voulait, et que, pour lui, il ne voulait pas s'en mêler. Alors ceux qui souhaitaient du bruit se mirent en devoir de se faire justice eux-mêmes. Le curé, averti du trouble qui régnait à ce sujet, se retira ; on enfonça les portes du presbytère, et on but le vin de la cave. Le commandant dressa un procès-verbal, et, le jeudi 26 mai, sont comparus devant la chambre des appels correctionnels, cour royale de Paris, les nommés Mussard, Collet, Cureau, Josse et Gant, pour faire statuer sur l'appel du jugement qui les condamnait à trois ou cinq jours d'emprisonnement, et Collet à un mois. Ce dernier a pu seul faire son appel, les autres ayant été jugés en dernier ressort. L'avocat de Collet, M. Blanc, a prétendu que son client n'avait été que spectateur du désordre, et que d'ailleurs le curé était seul coupable dans cette affaire, en refusant des prières et en prononçant des paroles incendiaires. On n'avait point menacé le curé; mais il a compris qu'il ne pouvait rester, et il s'est enfui. On n'a point pillé sa cave; mais sa domestique a mis son vin à la discrétion de la multitude. C'est ainsi que l'avocat a présenté la chose. Des excuses si plausibles ont été admises, et Collet a été renvoyé de la condamnation portée contre lui. C'est un heureux encouragement qu'on offre à ceux qui chassent leur curé et qui boivent son vin. »

Depuis, la vie paroissiale ne fut plus traversée d'aussi pénibles émotions. Sous l'Empire, on construisit, sur le territoire de la commune annexée par l'enceinte fortifiée, l'église monumentale de Notre-Dame de la Gare qui s'élève sur la place Jeanne d'Arc.

En 1871, durant la Commune, Ivry-paroisse n'eut pas à souffrir. Quelques bandes de communards qui avaient pris part au saccage du Collège des Dominicains d'Arcueil, de l'Ecole Albert-le-

Grand, ramenèrent à la mairie d'Ivry les ornements soustraits à la chapelle et qui furent ensuite restitués.

CÉSAR-AUGUSTIN PERRIN,

Décédé à Ivry le 17 avril 1858, à l'âge de cinquante-six ans. Doué d'une très grande franchise et d'une remarquable bonté, il se fit aimer de tous ses paroissiens. Il gouverna la paroisse de 1853 à 1858. Chaque année, en novembre, on célébrait à Ivry la fête de la Providence et la Fabrique faisait distribuer des pains aux pauvres.

En 1848, on enleva la Croix de mission qui se dressait sur l'étroite place de l'église (1). Après

(1) Cette place fut agrandie en 1869.

avoir été longtemps recueilli par les Sœurs de Saint-André et ravi par la vénérable Supérieure, Sœur Sainte-Paule, qui passa à Ivry soixante-quatre ans de vie religieuse, à la fureur des

L'ABBÉ BOIDARD

Curé d'Ivry de 1858 à 1868. Mort Curé de Notre-Dame de Bercy. Il fit restaurer, en grande partie, l'intérieur de l'église d'Ivry. On lui doit les orgues de l'église et d'autres notables améliorations. Le 25 avril 1867, Mgr Darboy vint à Ivry-Port bénir les écoles et une chapelle provisoire, élevée pour desservir ce quartier, sous le vocable de Notre-Dame des Anges. Le mauvais vouloir administratif a, depuis, hélas! fait fermer cette indispensable chapelle de secours.

émeutiers, ce Christ a été placé dans l'église par l'abbé Boidard.

C'est également l'abbé Boidard qui fit, avec le concours de la famille de Bonnières, polychromer la chapelle de la Sainte Vierge en 1862. Le sanctuaire, restauré en 1628 en même temps que le devant de l'église (1), a été orné de peintures inharmoniques, après 1840, bien avant les travaux exécutés à la chapelle de la Sainte Vierge.

Inscription placée à droite de la chapelle de la Vierge.

A. M.

Anno M DCCCLXII hoc sanctuarium Restauratum, fabricam administrantibus PP. Picard, Honfroy, Fabry, Marcé, Cochet, Lequatre, Pinxit ac decoravit P. de Bonnières de Wierre, Altare dono dedit D. Boidard, Parochus Iberiacencis.

« En 1862, ce sanctuaire a été restauré. Il a été peint et décoré par M. de Bonnières de Wierre. M. Boidard, curé d'Ivry, a fait don de l'autel. »

Nous avons vu que la chapelle avait été bâtie en 1657 par M. de Loynes, seigneur d'Ivry avant Claude du Bosc.

Incendie de l'église.

L'abbé Collas, dont l'activité anime encore aujourd'hui la vie paroissiale, tant il est vrai qu'il est des hommes qui ne meurent point puisqu'ils revivent dans leurs œuvres, eut la

(1) L'église d'Ivry a été, au XVe siècle, à la suite de nous ne savons quels événements, tronquée et privée de plusieurs travées. Les guerres de religion avaient été, pour les églises de la banlieue de Paris, particulièrement funestes.

tristesse de voir un incendie dévorer la flèche élégante de son église, endommager l'encorbellement de la vieille tour gothique et fondre les cloches dans la nuit du 13 au 14 juillet 1886. L'incendie fut occasionné par les ouvriers à qui le clocher avait été livré pour les illuminations de la veille du 14 juillet. L'enquête n'a jamais pu établir si la malveillance ou l'imprudence était cause de l'incendie. Faut-il rappeler ici que l'on vit le pauvre curé circuler parmi des gens qui, sans pitié pour sa douleur, sans respect pour son caractère, l'insultaient à la lueur de l'incendie? Le chagrin mina dès lors l'abbé Collas et le conduisit prématurément au tombeau. Au lieu de faire largement les réparations rendues nécessaires, on a reconstruit simplement, après bien des hésitations, la maçonnerie de la tour, et la flèche n'existe plus qu'à l'état de légende.

De nouvelles cloches ont remplacé celles qui avaient fondu dans l'incendie.

Les quatre cloches ont été fondues, à Paris, par la maison Grouzet-Hildebrand.

La plus grosse, fondue au XVIe siècle, avait été seule laissée à la commune pendant la Révolution. Elle fut détruite par l'incendie du 14 juillet. Un fragment de la cloche portait encore ces mots « enfant de France. » Elle fut refondue en 1887, bénite par Mgr Richard, assisté de l'abbé Pelgé, vicaire général, et en présence de l'abbé Collas, curé ; des abbés Noguès, Destarac et Périès, vicaires. Elle a pour parrain le président de la fabrique d'alors, M. Liénard, et pour marraine Mme Edouard de Bonnières de Wierre, née Fanny Faure. Elle pèse 1.768 kilos.

La voisine pèse 1.252 kilos et a pour parrain M. Lucien Robineau et Mlle Bac pour marraine. Elle avait été fondue en 1829 et bénite par l'abbé Roques.

Les deux autres cloches sont également fort belles, mais de moindre importance.

Les deux petites cloches portent ces inscriptions :

La première : « J'ai été nommée par le parrain *Joseph-Louis-Emile*, par la marraine *Jeanne-Théodore.* »

La deuxième : « J'ai été nommée par le parrain *Jean-Pierre-Saint-Frambour*, par la marraine *Virginie.* »

L'abbé Collas n'eut point la joie de les entendre chanter dans la vieille tour de pierre. Il mourut en pleine fièvre des passions anticléricales :

Sic vos non vobis mellificatis apes (1).

Mais l'abbé Collas n'attendait sa récompense que de Dieu.

(1) Abeilles, votre miel est pour d'autres.

Biens de l'église avant 1790.

L'église d'Ivry possédait, avant la sécularisation des biens ecclésiastiques, quatre maisons :

1° La maison du curé ;

2° La maison des écoles (le groupe des deux écoles ne formait qu'une maison) ;

3° Une maison sise en une impasse nommée Cul-de-sac Guertande ;

4° L'immeuble Saint-Frambour.

Voici l'état des propriétés :

43 arpents 42 perches 7 pieds de terre, plus 9 arpents dont le curé avait la jouissance. Le revenu en était de 999 livres 5 sous tournois de rente.

Une maison appartenant à l'église était occupée par des Sœurs de Charité qui pourvoyaient aux besoins des pauvres.

Ivry depuis la Révolution.

En 1803, douze gardes-messiers remplacèrent le garde-champêtre dont l'emploi fut supprimé. Les propriétaires choisissaient entre eux un certain nombre qui devaient veiller à la garde des propriétés.

Sous l'Empire, on liquida les procès nés de la Révolution. Les immeubles passèrent en des mains nouvelles.

Talleyrand devint propriétaire à Ivry ainsi que Lebrun, duc de Plaisance.

En 1823, on s'occupa de faire disparaître ou modifier des chaumières, voisines de la Tuilerie du Champ d'asile vers le boulevard de l'Hôpital, où s'abritaient des gargotiers et des marchands de vins.

En 1830, le gouvernement de Louis-Philippe fit distribuer des secours à divers habitants qui avaient pu justifier de quelques *glorieuses cicatrices*. Une offrande de 47 fr. 25 fut faite à l'église en faveur des victimes des 27, 28 et 29 juillet.

Le gouvernement de Louis-Philippe avait à cœur, on le voit encore à ce qui suit, de se concilier le clergé qu'il considérait, à bon droit, comme un des plus puissants ressorts d'un Etat qui veut agir.

En 1833, eut lieu, à l'église d'Ivry, la cérémonie solennelle du mariage des jeunes filles dotées par le Roi. Ces jeunes filles furent choisies dans les familles des soldats de la troisième légion de la Garde nationale. Le maire, précédé de la garde nationale d'Ivry, se rendit à l'église pour assister à ce mariage. Le maire d'Ivry à l'église, et le soleil n'a point pâli ? Eh non ! Il ne pâlira pas davantage quand, la France enfin unie et pacifiée, on recourra de nouveau à Dieu.

En 1826, fut élu maire un membre d'une vieille famille d'Ivry, Picard. Cette famille fournit, pendant une période de plus de trente années, deux maires à la commune.

L'histoire d'Ivry n'a plus beaucoup de faits à signaler.

Le choléra-morbus fit son apparition à Ivry en 1831. Les mesures sanitaires les plus énergiques furent prises pour assainir les rues de la localité.

Nous avons dit que la vie fut calme à Ivry pendant la guerre de 1870 et la Commune.

Depuis, en 1874, la commune fut gratifiée de quelques bornes-fontaines dites « Wallace », du nom de leur donateur.

La commune entreprit la construction, coûteuse (les contribuables le savent) mais nécessaire, des trois groupes scolaires.

L'hôtel de ville est venu s'ajouter à la liste, bien courte d'ailleurs, des monuments de la cité.

Ce qui manque aux Ivryens ce sont des lieux de promenade. Presque pas d'arbres fournissant leurs ombrages pendant l'été ! La ville n'aurait-elle pas pu, sur les vastes emplacements lépreux et déserts qui ne manquent pas sur son territoire, créer un mail, un jardin anglais ? Aux portes de la capitale, les faubouriens d'Ivry sont plus déshérités que les habitants de la dernière bourgade de France !

Les morts, ô ironie ! sont plus heureux. En 1846, le conseil municipal de Paris vota la création d'un vaste cimetière sur le territoire d'Ivry. Les habitants réclamèrent et le sieur A. Delacroix se fit leur porte-parole en cette circonstance. Ils obtinrent que le cimetière serait créé assez loin du pays, en un vaste emplacement où l'on cultivait des navets. Le « *champ des navets* » où dorment, sous les tertres gazonnés, tant de Parisiens, va prochainement être morcelé et livré aux entrepreneurs pour y élever des immeubles. Les morts devront aller plus loin. C'est au cimetière parisien, sis sur le territoire d'Ivry, qu'on enterre encore aujourd'hui les malheureux qui ont payé leur dette à la justice des hommes.

Petit-Ivry.

Le quartier du Petit-Ivry a une population de 7.161 habitants dont 302 étrangers. Le cimetière parisien est situé sur son territoire et y a attiré toute une population. C'est au Petit-Ivry que se trouve la brasserie de MM. *Richard,* une des plus importantes de la région. Ce faubourg n'existait point il y a une cinquantaine d'années. La rue du Vieux-Chemin fut la première rue du Petit-Ivry où il n'y avait primitivement qu'une seule maison dite « du Berger. » Ce n'est point là, cependant, qu'était la maison où fut assassinée, vers 1830, la fameuse bergère d'Ivry dont la mort tragique inspira les mélodrames des théâtres de barrière. Cette bergère habitait à peu près exactement à l'endroit où s'élèvent les « cités ouvrières » de la rue Jeanne d'Arc.

Le territoire du Petit-Ivry allait jusqu'à la Glacière-Gentilly, jusqu'au delà du boulevard de la Gare, et comprenait un petit hameau appelé Austerlitz qui a donné son nom et son emplacement à la gare d'Orléans. Ce petit hameau, habité par les ouvriers qui travaillaient dans les carrières, n'existait que depuis le commencement du siècle et la célèbre victoire de Napoléon lui donna son nom.

Liste des Maires d'Ivry-sur-Seine de 1789 à 1898.

Nicolas Cochet, janvier 1789 à février 1790.

J.-P. Leroy, février 1790 à novembre 1791.

Honfroy, novembre 1791 à mars 1793.

Nicolas Cochet, mars 1793 à Pluviôse an II.

Renoult, Pluviôse an II à Messidor an III.

Moutier, Messidor an III à Frimaire an IV.

Willon, adj. m[l], Frimaire an IV à Fructidor an V.

Michelet, ag. m[l], Fructidor an V à Vendémiaire an VI.

Luisette, ag. m[l], Vendémiaire an VI à Brumaire an VI.

Appert, adj. m[l], Brumaire an VI à Fructidor an VI.

Bourdilliat, adj. m[l], Fructidor an VI à Messidor an VIII.

Luisette, Messidor an VIII à mars 1815.

Devaux d'Hugueville, mars 1815 à mai 1819.

Thomas de Bettencourt, mai 1819 à janv. 1825.

Archambault, janvier 1825 à juillet 1830.

Honfroy, juillet 1830 à février 1831.

Petit Anatole, février 1831 à juin 1831.

Goze, juin 1831 à février 1832.
Honfroy, février 1832 à mai 1836.
Picard, f. f. (1) de maire, mai 1836 à sept. 1837.
Picard Noël-Gabriel, sept. 1837 à décembre 1859.
Picard Armand-Aristide, déc. 1859 à mai 1869.
Honfroy, f. f. de maire, mai 1869 à sept. 1869.
Luys, septembre 1869 à octobre 1870.
Pompée, septembre 1870 à mai 1874.
Lemoine, f. f. de maire, mai 1874 à déc. 1874.
Liénard, décembre 1874 à octobre 1876.
Jousseaume, octobre 1876 à janvier 1878.
Lévêque, p[r] cons. f. f. de maire, janvier 1878 à février 1878.
Poinat, février 1878 à septembre 1879.
Robert, f. f. de maire, septembre 1879 à décembre 1879.
Lévêque, de 1880 à 1888.
Bruyer, de 1888 à 1892.
Burgard, de 1892 à 1893.
Bruyer, de 1893 à 1896.
Roussel, de 1896 jusqu'à ce jour.

Le 2 avril 1898.

(1) f. f. = faisant fonction.

Curés d'Ivry de 1600 à 1898.

MESSIRES :

Cornille, 15.. à 1613.
Claude Villette, 1613 à 1625.
Vuillaume Oilla, 1625 à 1649.
Girié, 1649 à 1660, mort à Ivry en novembre.
Jean Jollain, 1660 à 1686, mort à Ivry en nov.
Guienne, 1686 à 1703.
Buré, 1703 à 1715.
de la Porte, 1715 à 1751, mort à Ivry.
Rojou, 1751 à 1775, mort à Ivry.
Maillet, 1775 à 1793, mort en exil.
Révolution : *Simon*, Curé assermenté, quelques semaines.
Roques, 1802 à 1830, mort à Ivry.
Poulenc, 1830 à 1831, quitte Ivry après une émeute.
David, 1831 à 1845, mort en retraite.
Devaux, 1845, mort à Ivry.
de Gonet, 1845 à 1847, curé des Ternes.
Pruvost, 1847 à 1853, doyen de Villejuif.
Perrin, 1853 à 1858, mort à Ivry.
Boidard, 1858 à 1868, curé de Bercy.

Clauzet, 1868 à 1885, mort en retraite.
Collas, 1885 à 1888, mort à Ivry.
Boisseau, 1888 à 1895, retraité et mort en 1895.
Vincent, de 1895 jusqu'à ce jour.

Nouvelle dénomination des rues.

Décrets du Président de la République des 7 mai et 4 août 1894.

Arrêté du Préfet de la Seine du 11 juin 1894.

Délibération du Conseil municipal des 16 mars et 18 juillet 1894.

	Anciens noms.	Nouveaux noms.
1.	Rue des Berges.	Rue Mirabeau.
2.	— de la Chèverue.	— Michelet.
3.	— des Coutures.	— Verrollot.
4.	— de l'Est.	— J.-J. Rousseau.
5.	— des Fauconniers.	— Emile Muller.
6.	— du Four.	— Jeanne Hachette.
7.	— de la Gorne.	— Bernard Palissy.
8.	— des Herbeuses.	— Henri Martin.
9.	— Vieille du Liégat.	— Marceau.
10.	— des Longues Raies.	— Hoche.
11.	— des Malicots.	— Pierre Honfroy.
12.	— des Œillets.	— Kléber.
13.	— de l'Orme-aux-chats	— Franklin.
14.	— de l'Ouest.	— Molière.
15.	— du Passage.	— Galilée.

16. Rue Renaudin.	Rue Pierre Lescot.
17. — Saint-Pierre.	— du Bocage.
18. — Verte.	— Victor Hugo.
19. — de la Voyette.	— Ledru-Rollin.
20. Rond-Point Joanne.	Place Danton.
21. Boulevard d'Alfort.	Boulevard Sadi Carnot.
22. Voie des Bornes.	Rue de l'Egalité.
23. Ront-Point de la bosse de Marne.	Place Nationale.
24. Rue des Plantes.	Rue de Châteaudun.

La rue et la place Saint-Frambour avaient été auparavant converties en rue et place Parmentier.

Population.

Ivry-Centre : 6.937, dont 215 étrangers.

Ivry-Port : 8.130, dont 272 étrangers.

Petit-Ivry : 7.161, dont 302 étrangers.

La population du fort d'Ivry et de l'Hospice était, au dernier recensement, de 2.691 personnes.

La population totale, accrue depuis, était donc de 24.919 habitants il y a quelques années.

*
* *

Ivry est la patrie de Pierre Contant, né en 1698, mort en 1777. Disciple de Watteau pour le dessin et de Duclin pour l'architecture, Contant a laissé un volume où il explique les procédés dont il a usé en architecture.

CORPORATIONS

Depuis quelque temps on s'occupe de rétablir les fêtes religieuses des métiers qui ont, hélas! complètement disparu de nos coutumes.

Après la fête de sainte Anne pour les menuisiers, celle de saint Eloi pour les industries du métal si nombreuses et si importantes à Ivry-sur-Seine, c'est *le Livre* et *les industries qui s'y rattachent* qui ont célébré, cette année, la fête corporative de saint Jean devant la Porte Latine.

La fête du Livre a été célébrée le *dimanche 1er mai, à 10 heures,* dans la chapelle de l'Institut catholique de Paris, *72, rue de Vaugirard.*

On ne peut que souhaiter vivement de voir se rétablir au pied de l'autel les antiques corporations. Je m'estimerais récompensé des sacrifices que je me suis imposés en faisant éditer ce livre si, bientôt ou plus tard, il suggérait aux corps de métiers représentés à Ivry l'idée de reconstituer les corporations religieuses d'autrefois. C'est le moyen le plus efficace de refaire la paroisse, de ressaisir ce qui s'en va!...

C'est dans cet espoir et dans ce but que j'indique ici les *Fêtes patronales* des corporations d'états, arts et métiers.

Fêtes patronales des corporations d'états, arts et métiers.

17 janvier. Saint Antoine, patron des vanniers.

18 — Sainte Véronique, patronne des ouvriers en lin et des photographes.

22 — Saint Vincent, des jardiniers, légumiers.

25 — Saint Paul, des cordiers, nombreux à Ivry.

2 février. Purification de Notre-Dame, fête des lavandières.

6 — Sainte Dorothée, des jardiniers-fleuristes.

19 mars. Saint Joseph, des charpent., ardoisiers, etc.

23 avril. Saint Georges, des maîtres d'armes.

6 mai. Saint Jean devant la Porte Latine, des compositeurs typographes, imprim., relieurs, lithographes.

15 juin. Sainte Crescentia, des nourrices.

24 — Saint Jean-Baptiste, des potiers de terre.

29 — Saint Yves, des avocats, avoués, notaires.

12 juillet. Sainte Madeleine, des gantiers.

26 — Sainte Anne, des tailleurs, tailleuses, modistes, lingères, bonnetières et couturières.

28 — Saint Aarould, des brasseurs. Il y a 3 brasseries à Ivry.

10 août.	Saint Laurent, des verriers, tailleurs sur cristaux.
15 —	Sainte Marie, des entrepreneurs, maçons, etc.
16 —	Saint Roch, des plafonneurs, blanchisseurs.
25 —	Saint Louis, des barbiers, parfum., coiffeurs.
8 septemb.	Nativité de Notre-Dame, fête des portefaix, si nombreux à Ivry-Port !
24 —	Saint Mathieu, des menuisiers, ébénistes, etc.
25 —	Saint Maurice, des teinturiers, des soldats.
4 octobre.	Saint François, des matelassiers drapiers.
18 —	Saint Luc, des peintres, sculpteurs, vitriers.
25 —	Saint Crépin, des cordonniers, tanneurs, etc.
3 novemb.	Saint Hubert, des bouchers, des chasseurs.
18 —	Saint Odon, des fripiers, des chiffonniers.
22 —	Sainte Cécile, des musiciens, organistes, etc.
25 —	Sainte Catherine, des jeunes filles.
1er décemb.	Saint Eloi, des orfèvres, couteliers, serruriers, chaudronn., maréchaux, fondeurs, plombiers et laboureurs. Les usines d'Ivry-Port devraient fêter ce saint patron.
4 —	Sainte Barbe, des artill., mineurs, pompiers.
6 —	Saint Nicolas, des écrivains, bateliers, des jeunes gens.
13 —	Saint Aubert (1), des boulangers, pâtissiers.
31 —	Saint Sylvestre, des saliniers.

*
* *

Je termine ce modeste travail au moment où d'ineptes provocateurs se préparent, en plusieurs

(1) C'est le patron des boulangers en Belgique ; mais, en France, c'est saint Honoré, évêque d'Amiens (fête le 16 mai).

banquets, à profaner à Ivry le Vendredi Saint. Si les Catholiques militants s'attaquaient à ces gens-là, quels cris de putois égorgés ils pousseraient tous!! Insensés, qui croient avoir tout sauvé quand ils ont tendu le poing à « Celui qui règne dans les cieux! » Leurs grossières négations prouvent que le « divin » les tourmente, car on n'éprouve pas le besoin de combattre ce à quoi on ne croit pas. Toutes ces provocations, d'ailleurs, sont déplorables.

La Religion, génératrice d'énergie, pourra seule retremper le ressort détendu des forces nationales.

La guerre à Dieu a été pour la France un désastre pire que Waterloo ou Sedan. Quel remède? Un seul. C'est que l'excès même de notre dépression nous fasse honte jusqu'à nous redresser. Il ne faut pas consentir à la fatalité. Il faut vouloir et rompre, par un grand coup de volonté, le cercle des charlatans qui nous étouffe.

Puisque nous sommes en France sous la loi du nombre, les braves gens, à Ivry, devraient commander. Depuis longtemps il n'en est pas ainsi, car Duclos disait déjà, il y a cent cinquante ans :

« Si les honnêtes gens s'avisaient de faire cause « commune, leur ligue serait bien forte. Quand « les gens d'esprit et d'honneur s'entendront, les « sots et les fripons joueront un bien petit rôle. Il

« n'y a malheureusement que les fripons qui « forment des ligues; les honnêtes gens se « tiennent isolés. »

France, aide-toi, Dieu t'aidera !
Ta servitude il brisera,
O peuple qu'on oppresse !
La corde au cou t'étranglera,
Si l'on ne se redresse !

L'heure a sonné, tu dois choisir :
Si tu veux vivre ou veux mourir !
Veux-tu que Dieu te venge ?
Qu'attends-tu donc pour accourir
Sous ses drapeaux, ô France ?

(Imité du *Geuzenlied* (chant des gueux).

« Devenons patriotes par pitié pour notre pays », disait récemment un écrivain. Je dis, moi, REDEVENONS CATHOLIQUES PAR PATRIOTISME. Répétons, avec Sully-Prudhomme, il y a vingt-sept ans :

Car je t'aime dans tes malheurs,
O France, depuis cette guerre,
En enfant, comme le vulgaire
Qui sait mourir pour tes couleurs.

J'aime avec lui tes vieilles vignes,
Ton soleil, ton sol admiré,
D'où nos ancêtres ont tiré
Leur force et leur génie insignes.

Quand j'ai de tes clochers tremblants
Vu les aigles noires voisines,
J'ai senti frémir les racines
De ma vie entière en tes flancs.

Pris d'une pitié jalouse
Et navré d'un tardif remords,
J'assume ma part de tes torts ;
Et ta misère, je l'épouse.

Ivryens, vous êtes patriotes, et puisque vous l'êtes, redevenez chrétiens.

Saint Frambour, patron d'Ivry, protégez-nous !

Ivry, Vendredi Saint, 8 avril 1898.

L'abbé Reimringer.

TABLE DES MATIÈRES

III. — Notes sur Ivry.

De nombreux et intéressants documents me sont parvenus, tant sur la paroisse que sur la commune d'Ivry, depuis que le projet de ce livre est ébruité. Ces différents récits trouveront place dans un travail ultérieur plus complet.

BAR-LE-DUC. — IMPR. DE L'ŒUVRE DE SAINT-PAUL,

36, RUE DE LA BANQUE. — 3537,98

www.ingramcontent.com/pod-product-compliance
Ingram Content Group UK Ltd.
Pitfield, Milton Keynes, MK11 3LW, UK
UKHW020214250726
13967UKWH00003B/1461